JN217006

新規事業

New Business Workbook

ワークブック

新規事業インキュベータ

石川 明

SOGO HOREI Publishing Co., Ltd

はじめに

　この本は、これから新規事業に取り組もうとされている方が、自分で事業アイデアを出し、企画にまとめ、社内起案できるまでの一連のプロセスを筆者である私が伴走するつもりで書きました。

　新規事業に初めて取り組む方にとっては、「自分にできるだろうか」と不安も大きいでしょうが、安心してください。

　私はこれまで 30 社以上の会社で新規事業開発のプロジェクトに伴走し、ビジネススクールの学生さんも合わせると 3,500 人以上の方々の新規事業案を見てきました。

「お客様の役に立つ仕事がしたい」という気持ちがあり、コツを掴んでしまえば誰にでも新規事業案を考えることができます。

　この本では、私がクライアント企業の新規事業開発や新規事業人材育成の現場で使っているメソッドを、紙上で可能なかぎり再現するよう務めました。具体的には、様々な業種・職種の方々に合わせて作り使ってきたものの中から、汎用的に使えそうなメソッドをピックアップしてご紹介しています。この手法に則って最後まで読み進めれば、社内で起案できる新規事業案を必ず作れるはずです。

「事業」とは " 不 " の解消です。

　世の中にある不平、不満、不安、不足、不便、不都合、不幸、不快……

などなど、"不"のつくものを解消できれば、必ず誰かが喜び、価値を感じます。そして、それは事業になります。

「新規事業の案を考える」とは、どこで誰が何に"不"を感じているかを探して、その"不"をどうやって解消するかを考えることなのです。

さて、多くの場合、新規事業の検討は、自社の経営課題を解決するために始まります。したがって、たいていは「我が社の業績の分析」「我が社の経営資源の分析」「我が社の強みや弱みの分析」から検討を始めがちです。

しかし、見落としがちなのは、それらはあくまで自社にとっての都合であり、お客様にとっては関係のないことだという点です。

その結果、お客様不在のまま検討が進みがちになります。やっと市場に目が向いても、その規模や成長性ばかりに目が行ってしまいます。

たしかに大きくて伸びている市場は魅力的ですが、マクロ的な数字をいくら分析しても、具体的なビジネスチャンスは見えてきません。

「事業」の原点はやはり**「お客様に喜ばれること」「お客様の役に立つこと」**です。お客様を見ずして新たな事業は創れません。この本では終始一貫して**「誰のどんな"不"を解消するのか」**という視点で話を進めます。

会社の中で新規事業を「社内起業」するのには、「独立起業」とは違った智恵や工夫、そして努力が必要です。

組織のしがらみと言った面倒なこともありますが、既存の経営資源を上手く活用すれば、独立起業にはない恩恵を享受できます。

　社内起業を成功させるには、経営陣との方向性のすり合わせや関連部署の協力を取りつけることが必須です。

　しかし、一般的な経営戦略やマーケティングの理論書では、どうすれば社内調整できるかまで語られていることはありません。

　この本では企画案を**机上の空論に終らせず、実際に社内で起案し通していくところまで伴走する**ことを意識しました。

　私がクライアントの新規事業プロジェクトを進める際は、多くの場合、ワークショップ形式で 10 〜 20 人の社員の方々に 3 カ月〜半年かけて伴走し、最終的に社長や役員に直接プレゼンをしていただきます。そのようにして、数多くの新規事業をそれぞれの企業の中で生み出してきました。

　この本では、そのワークショップの進行を紙上で再現しました。この本の流れに沿って検討を進めていただければ、あなたにも新規事業の案がきっと創れるはずです。

　私の新規事業インキュベータとしての原点は、リクルート社の新規事業開発室マネジャーとして約 1,000 件もの社内起業提案に伴走したことにあります。その後、All About 社（JASDAQ 上場）の起業と 10 年間にわ

たる事業運営を経て独立しました。

　現在は業種業態を問わず、大企業を中心に様々な企業の新規事業開発に
インキュベータとして携わることを業とし、ビジネススクールの教員とし
ても数多くの社内起業家予備軍の学生さんと接しています。

　その数は、リクルート社在職中も含め累計で 100 社・1,700 案件・
3,500 人を越えました。

　これまでの新規事業伴走経験の中で、みなさんがつまずきがちなポイン
ト、陥りがちな迷路、飛び越えるのが難しい壁、など多くのケースを見て
きました。この本でそれらをお伝えすることで、社内で孤軍奮闘に陥りが
ちな社内起業家のみなさんのお役に立てればと思っています。

　新規事業を考えることは、ビジネスマンにとって、とても貴重な成長の
機会になるはずです。企業人の仕事の醍醐味と言っても良いでしょう。

　それでは、読者のみなさんにとって新規事業への取り組みが有意義な機
会となるよう、楽しみながらご一緒に新規事業の検討を始めていきまし
ょう！

　　　　　　　　2017 年 3 月吉日　新規事業インキュベータ　石川明

目次 contents

Step 0 新規事業はどこでつまずくのか？

Step 1 新規事業の検討をはじめる前の準備

Step 2 検討する領域・テーマを決める

Step 3 検討した領域・テーマにおける、ビジネスチャンスを見つける

Step 4	新規事業の事業企画を立てる

Step 5　新規事業を社内で起案し承認を取る

ブックデザイン　小松学（ZUGA）
本文 DTP・図表作成　横内俊彦

本書の読者対象及び構成と使い方

■ 読者対象

　この本は、企業や各種団体にお勤めで、新規事業を開発しようとしている方を対象にしています。

　その中でも、通常業務（営業、製造、運用、管理など）の経験はあるが新規事業を自ら考えて起案した経験はない方、何からどう取り組んだら良いかわからないという方を想定しています。

　「決められたことを推進するのは得意だが、自分から発案するのは苦手」という方でも大丈夫です。現時点で自分に新規事業のアイデアがなくても、何に着眼して、どう考えを進めていけばよいのか、ゼロからスタートしていただいて構いません。経営戦略やマーケティングなどを特に学んだことがない方でも抵抗なく読んでいただけるよう、なるべく専門用語は使わず、日常のビジネス用語で説明するように心がけました。

　また、従来の手法で迷走しかけている方にも、手に取っていただきたいです。

■ 類書との違い

　この本は、企業の中で新たに事業を生み出すことに特化しています。

　そのため、発想の起点は既存事業に置いています。なぜなら、その方が

社内で起案したときに理解されやすいからです。その発想のプロセスを周囲に説明できないと社内起業は成功しません。

　既存事業を起点にすると発想が縛られるように感じる方もいます。確かに時には発想を遠くに飛ばすことも必要ですが、アイデアの奇抜性自体が大事なわけではありません。そして、既存事業を起点にしてもそこから遠くへ発想を飛ばすことは可能です。

　大事なことは、アイデアの発想力を磨くだけでなく、それを社内でどうオーソライズし社内承認を取って進めていくかを理解して進めることです。

　この本では「**国語・算数・理科・社会**」というとてもシンプルな思考法を使います。通常業務にも活かせる思考法なので、ぜひ使ってみてください。

■ 本書の構成

ステップ0　新規事業の検討はどこでつまずくのか？

　思い通り、想定通りに検討を進めることができた新規事業のプロジェクトを私は知りません。しかし、つまずくポイントにはいくつかのパターンがあります。

　どんな壁が待ちかまえていて、それをどうすれば乗り越えていけるのか、あらかじめコツをつかんだ上で検討を始めましょう。

ステップ1　新規事業の検討を始める前の準備

　社内で新規事業の検討を始めるパターンは様々ですが、事前に「どういう目的で」「何をゴールに」「どんな進め方をしていくのか」を社内で十分にすり合わせをしてから始めた方が後のことを考えるとスムーズです。

　ここでは何をどうすり合わせておく必要があるのかをまず整理します。

ステップ2　検討する領域・テーマを決める

　闇雲に思いつきでアイデアを出すのは海図もなしに小船で大海に漕ぎ出すようなものです。アイデアを出しては検討し、難しそうだとあきらめることを繰り返していては、堂々巡りで前に進むことができません。

　ここでは、無限に広がる事業領域の中から、どういう領域において何をテーマに検討をするか、ロジックを立て方向性を決めていきます。

ステップ3　検討した領域・テーマにおけるビジネスチャンスを見つける

　動いているお金の大きさや人の多さなど、マクロ的な数字を見ているだけでは新たなビジネスチャンスを見つけることはできません。

　「事業とは"不"の解消」ですから、「誰がどんな"不"を抱えているのか」を掘り下げて把握することこそがビジネスチャンスを探すことなのです。

　ここでは筆者独自の「国語・算数・理科・社会」思考法で、ビジネスチ

ャンスがどこにあるかを探します。

ステップ4　新規事業の事業企画を立てる

　事業企画の本質は" 不 "の解消方法を考えることです。自分たちの企業力を活かして、どうすればお客様の" 不 "を解消できるかを考えます。

　ここでは、「事業企画」に必要な検討要素、考える手順、魅力的な事業案にするためのポイントを丁寧にお伝えします。

ステップ5　新規事業案を社内で起案し承認を取る

　どんな素晴らしい事業案であったとしても、紙の上で完成させただけでは価値がありません。社内で起案し承認を取り、事業化してこそ価値を生みます。

　ここでは、社内で事業案を通していくために起案者としてどんな工夫や行動が必要かをお伝えし、社内承認を取る会議の直前まで読者のみなさんに伴走します。

　以上、この本のテーマと流れを説明しました。

　読者によって新規事業の検討フェーズは様々なので、どの章から読み始めていただいても構いません。

　ただ、ステップ3でご紹介する「国語・算数・理科・社会」思考法は私

が新規事業を考える際の軸ですので、ぜひご一読ください。

■ 本書の使い方

　この本には、私が実際に企業内で行うワークショップと同様、多くのワークシートを用意しました。みなさんの参考になるように最初は架空の事例をもとにした記入例を掲載し、次にみなさん自身がアイデアを発展させていけるように記入欄を空白にしたブランクシートを掲載しました。

　本に直接書き込むも良し、シートをコピーして書き込んでいただいても構いません。PC で作業をしたいという方には、下記の URL より本書に収録したすべてのワークシートのファイルをダウンロードできるようにしましたので、適宜カスタマイズして使ってください。

http://www.horei.com/dl/newbusiness/

　事業は頭で考えているだけでは創れません。思考や言葉を少しずつでも形にしていくことで、案はブラッシュアップされていきます。

　勇気を出してまずは「紙に自分の考えていることを書き出してみる」ことから始めましょう。読んでは書き、書いて迷っては本に戻り、と繰り返しながら順を追って新規事業案を一緒に創っていきましょう。

Step 0

新規事業は
どこでつまずくのか？

1 | 新規事業の検討を 阻む壁

「はじめに」で「経験のない人でも新規事業を考えることができます」とは言ったものの、実際にはなかなか起案が通るものではありませんし、実現したとしても事業として成功するまでには様々な「壁」があります。

検討を始める前から敷居を上げても仕方がありませんが、起案者が事前にそれをわかっていれば、「壁」が目の前に来る前にあらかじめ対処のしようがあるものです。

事業案を考え、起案し、承認を取るまでに、どんな壁があるのでしょう。

①着想の壁

実は多くのケースで、「新規事業担当を命じられたものの、具体的に何から検討を始めて良いのかわからない」と部署やプロジェクトの立上げ直後から検討が事実上進まない状況に陥ることがあります。

特に「制限は設けないので、既存の枠組みに捉われることなく、自由な

発想で」などとトップから指示されていると、検討の幅があまりに広過ぎ
て、何から手をつけて良いかわかりません。もし、サバンナの真っ只中に
立たされて、「さぁ、どこへでも自由に走り出せ」と言われても、立ち往
生してしまう人の方が多いはずです。

　通常業務であれば自身の経験で方向性を決めることができますが、初め
ての仕事ではなかなかそうもいきません。指示元の上司に方針を確認した
いところですが、**実は上司どころかトップですら明確な方針を持っておら
ず**、漠然と「新規事業を立ち上げねば」くらいにしか考えていないケース
が現実には多いです。

　まず何から着想して、どういう方向へ検討を始めていけば良いか、初め
の一歩が踏み出せなくなってしまうのが「着想の壁」です。

　通常業務なら仕事のフローは決まっています。通常業務を効率的に行っ
てきた社員ほど、この壁に対して強いストレスを感じるものです。

②商機の壁

　何から検討を始めたら良いかわからない場合、まず手をつけるのは大き
く2つのパターンに分かれます。

　1つは、自社の経営課題の分析から入るパターンです。

　確かに経営課題の分析は重要です。しかし、既存事業の市場が伸びてい

ないことや自社の競争力が落ちていることをどれだけ分析したところで、どんな新規事業を検討すれば良いかの方向性は見えてきません。検討する新規事業の目標や制約条件を考える上で自社の経営課題の分析は有効ですが、**自社のことを分析するだけでは新たな商機を発見することはできません**。

もう1つは、市場のマクロ的な分析から入るパターンです。

新たな市場を探すなら、大きく成長性のある市場が魅力的に映ります。まずはそれらの市場について調べてみようと考えるのは自然なことです。世間で注目されている市場なら、様々なメディアに情報が掲載されていますし、インターネットを使えば市場データも大量に入手可能です。

これらの作業はもちろん大事なことですが、残念ながら**マクロな市場データを見ているだけでは、そこにどんな商機があるのかは見つかりません**。また、見つけたとしても、そのようなオープンデータから発見した商機は多くの場合、他社も気がついているので、激しい競争を覚悟する必要があります。

自社の経営課題や市場のマクロデータの分析は、続ければ切りがないので仕事をしているような気分を味わえますが、実際にはこれらの作業をどれだけ繰り返しても、「どこに事業機会があり、儲けることができそうか」を探すことは困難です。結果、具体的な事業案の検討に進むことができず、いたずらに分析を繰り返すことに陥りがちです。

私はこれを「**商機の壁**」と呼んでいます。

③アイデアの壁

　一般に「新規事業を考えるときの壁」と言って真っ先に思いつくのは、「良い事業アイデアを思いつかない」ことだと考えるでしょう。

　もちろん、どれだけ分析をし、どれだけ思考を巡らせても、最終的に事業の具体的なアイデアを思いつかないことには事業案を作ることはできません。

　新規事業を思いつくのは一部の特殊な人だと思う人もいるでしょう。確かにアイデアの発想力には人によって差があります。私もこれまで数多くの起業家に会ってきましたが、その中には常人には真似ができないくらい自由でユニークな発想をする人がいます。ただ、そういう人に「どうやって発想するのですか」と聞いてもなかなか腑に落ちる答えは返ってきません。

　世の中には「発想法」の書籍が溢れています。使える手法は真似すれば良いと思うのですが、どんな発想法もどこか属人的な「センス」に頼るところがあります。

　もちろん「センス」は重要なのですが、センス次第と言われてしまうと、「普通の常識的なビジネスパーソン」にはどうしようもありません。

アイデアが湧いてくるまで、天から啓示が降りてくるのを待ちながらウンウン唸っている時間ほど、新規事業開発担当者として苦しい時間はありません。

　この「**アイデアの壁**」が新規事業を生み出すに当たって大きな壁であるのは間違いないでしょう。

④承認の壁

　壁を乗り越えて思いついたアイデアを自分がどれだけ素晴らしいものだと思っていても、それが社内で認められ事業化の承認がされなければ、会社の仕事としてはまったく意味がありません。ただの自己満足です。

　しかし、事業化の承認を取るのは簡単ではありません。

　会社にとっては、事業化までの開発費用だけでなく、黒字になるまで赤字を覚悟するのは大きな投資です。

　既存事業であれば経験知があるので経営判断がしやすいですが、**会社にとって未知のことを判断するのが難しいのは経営陣とて同じ**です。

　また、多くの新規事業は既存事業と何らかの形で競合します。同じ市場でお客様を取り合う競争にまではならずとも、営業ラインや製造ラインといった経営資源の取り合いという意味では、ほぼ100％社内競合し、比べられることになります。

　しかも、既存事業には長年成果を積み上げてきた信用があり、既存事業を守ることこそを自分の役割としている役員が大半ですから、そんな**既存事業との競争に勝って経営資源を獲得して投資を得るのは大変**です。

　独立して起業するのに比べ、社内起業は既存の経営資源を活用できることが大きなメリットですが、ベンチャーキャピタルから投資を受けたり、金融機関から融資を受けるのとは異なる「壁」があるのです。これが「**承認の壁**」です。

⑤実現の壁

　そして、最後に待ち構えているのはもちろん、事業化を実現し、世の中に製品・サービスを送り出すまでの「**実現の壁**」です。

　これは会社の中で起業するのも、独立して起業するのも同じことです。新たに事業を始めるのは、どんな形であれ難しいものです。

　逆に、**たいした壁もなく簡単に立ち上げられる事業は参入障壁が低く、すぐに他社に模倣されて厳しい競争に晒される**ことでしょう。

　そういう意味ではこの「実現の壁」が高いほど、成功すれば魅力的な事業になりうるとも言えます。

　もちろん事業化後、その事業を成功させるのが最終目的ですが、事業化

に至るまででもあまりに多くの高い壁があり、腰が引けてしまったでしょうか。

　確かに新規事業を生み出すことは簡単ではありません。

　しかし、あらかじめ壁があることを認識し、十分な備えと工夫をすれば、それらは決して乗り越えられないものではありません。

　考えてみれば、今世の中にあるすべての事業は、過去に誰かが立ち上げた新規事業です。みなさんにもきっとできます。

　それぞれの壁には、それぞれ乗り越えるためのコツがありますから安心してください。

　次の節で、これらのコツを１つずつ詳しくお伝えします。

新規事業の検討を阻む5つの壁とそれを乗り越えるためのコツ

①着想の壁

経営陣との対話を大切
にする
（24ページ）

②商機の壁

世の中の "不" に着目
する
（26ページ）

③アイデアの壁

解消する "不" をフォ
ーカスし深掘りする
（27ページ）

④承認の壁

ロジカルに考え、顧客
と市場を味方につける
（28ページ）

⑤実現の壁

ポジティブに考え、愛情や
義憤の強い気持ちを持つ
（29ページ）

2 | 壁を乗り越えていく ためのコツ

　初めてのことに取り組むときには、その先にどんなことが起きるのかが わからないと不安なものです。恐る恐る進まざるを得ません。

　多くの人にとって、新規事業に取り組むのは初めての経験です。しかし、 いくつかのコツを知って行動していれば「壁」を乗り越えることができ ます。

　通常業務で成果を上げてきた人であれば、それぞれのコツは実は普段の 仕事にも通じる内容です。それを少し強く意識しておくことで、行動は大 きく変わります。

　これからの検討過程でいつも気に留めておいていただきたいポイントを まとめます。

①経営陣との対話を大事にすること（vs 着想の壁）

　多くの場合、新規事業への取り組みを始める指示は、社長もしくはそれ

に準じる経営陣から発せられます。検討・開発に着手する時点で会社にとっては投資ですから当然のことです。

しかし、私が経験してきた限り、検討・開発の過程でいわば**発注者である経営陣と担当者の間の対話が驚くほど少ない**のです。

もちろん大会社であるほど役職の下の者が社長と直接対話をする機会は一般的には少ないでしょう。しかし、新規事業は別です。仮に社長直轄・役員直轄のプロジェクトと言うのであれば、それこそ課長やチームリーダーが部下の社員と一緒に取り組むくらいの距離感で経営陣と対話をしながら進める必要があります。

まず検討開始時に「なぜ新規事業をやるのか」「どんな新規事業を想像しているか」を経営陣からできるだけ詳しく聞き出しましょう（この方法についてはステップ1の第1節でお話しします）。

新規事業とは、未知への挑戦です。社内に情報がないことが前提です。したがって、通常業務よりもさらに PDCA サイクルを速く回し、仮説を立て試してみて、その結果を見て軌道修正していくことを繰り返さないと、良い事業案は作れません。そのためには経営陣との対話の頻度を上げなければいけません。

そして、多くの経営陣は実は担当者との対話を望んでいます。しかし、新規事業については自身にも経験や知見がなく、考えも実は不明瞭なので、明確な指示どころか対話も十分にできないというケースが多いのです。階

層別の役割や指示命令系統が明確な、一般的に「強い組織」と言われる会社ほど、対話が不足する傾向がありますから注意してください。

　担当者は、経営陣が対話しやすい環境を自ら作り、働きかけていく努力が必要です（これらの方法についてはステップ１の第１節でお話しします）。

②世の中の "不" に着目すること（vs 商機の壁）

　マクロな調査データから商機を見つけることはできません。「大勢の人やお金が動いている」ということまではわかっても、それだけではビジネスとしての糸口を掴むことはできません。評論家として「べき論」を語るだけなら良いのですが、みなさんは実際に事業を立ち上げていく実務家です。

　「事業」とは世の中の "不" の解消です。どこかで誰かが抱えている "不"（不平・不満・不安・不足・不便・不都合・不幸・不快……などなど）を解消できれば、ビジネスモデルなど様々な工夫は必要であれ、何かしら商売にすることができます。

　したがって、新規事業担当者がまずするべきは、**「誰がいつ、どこで、どんな "不" を抱えているか」** を探すことです。その "不" が明確なものであれば、それが商機です。その "不" が大きければ、それは大きな「商

機」です。

「商機の壁」を越えるためには徹底して世の中の“不”を掘り下げて考える必要があります（“不”の探し方はステップ3の第1節（国語）でお話しします）。

③解消すべき“不”を特定すること（vs アイデアの壁）

　この事業によって解消しようとする“不”が明確になったら、それをどうやって解消するかで問われるのが「アイデア」であり、その「アイデア」をどうやって実行するかを考えたものが「事業プラン」です。

　“不”の解消は、何らかの技術が必要な場合もあれば、マーケティング的な工夫で実現できる場合もあります。

　これらにはもちろん従来にない発想が必要で、アイデアを思いつかなくてはどうしようもありません。そこにはセンスも必要です。しかし、センスに自信のない人でもアイデアを思いつきやすくするためにできることがあります。

　それは、**自分たちが解消すべき“不”がどのようなものであるかを徹底的に深掘りしておく**ことです。

　「つまり、それは何が不満なの？」「どうして不満なの？」「なぜ今はできないの？」と繰り返し問い続け、自分たちが解消すべき“不”とは何かを

明確にフォーカスしていきます。

　最終的に「どうやって"不"を解消するか」には発想力や実現するための企業力が問われますが、課題をフォーカスできればアイデアは随分と出しやすくなります（"不"の深掘りの仕方はステップ3の第3節・第4節、アイデアの出し方はステップ4の第1節でお話しします）。

④ロジカルに考え、顧客と市場を味方につけること(vs承認の壁)

　思いつきのアイデアだけで組織を動かすことはできません。経営者がよほどのワンマン社長でない限り、経営者自身の起案ですら新規事業への投資には周りを説得するための理由が求められます。

　起案者は、無限に広がるビジネス領域の中で、「**なぜこの領域への着手を選んだのか**」を説明する必要がありますし、いくら精緻な分析をしたり熟考して予測をしてもわかりえない不確かな未来に対し、「**これだけの投資をして良いのか？**」との問いに答えられなければなりません。

　様々な価値観があり様々な立場の人がいる社内において、承認を取り話を進めていくためには、周りが納得するロジックが必要です。

　そして、経営陣が唯一頭が上がらないのがお客様であり市場です。いくら自説を唱えても、お客様に支持してもらえないのでは仕方がないですし、市場で戦えないのなら勝負になりません。

役員会議などでは役職順に発言力に差が出たりしますが、真っ当な会社であれば「顧客志向」こそが金科玉条であるはずです。

起案者はお客様と市場の声を代弁することで「承認の壁」を越えましょう（本質的なロジックの組み立てはステップ2と3、テクニカルな手法はステップ5でお話しします）。

⑤ポジティブに考え、愛情・義憤の気持ちを持つこと（vs 実現の壁）

起業家に最も大切なものは「何が何でも実現するぞ」という強い気持ちだと言われます。

では、社内起業の場合、何が強い気持ちの源泉になるのでしょうか。

独立起業家の場合は金銭的なインセンティブが大きいでしょうが、社内起業の場合、成功によって得られる報酬は一般的にそれほど大きなものではありません。

給与はある程度保障され、実現できなければ生活が立ち行かないというような切羽詰った状態で臨むことは少ないでしょう。自ら借金を背負うことも多い独立起業とは状況が違います。

だからこそ社内起業では、実現に向けた強い動機を起案者が自分の中に持っておく必要があります。

私が見てきたケースでは、「**この人のためになんとかしてあげたい**」と

いうお客様への愛情や、「**今の世の中は間違っている！**」というような義憤の気持ちがあると、実現に向けた強いエネルギーになるようです。

　新規事業には、いくらロジックを組み立てても理屈だけでは乗り越えられない壁があります。理屈を越えて「何が何でも」と思うには、感情的な動機が必要です。

　だからこそ起案者は、会社の経営課題や市場のマクロデータだけではなく、自ら自分の気持ちを込められるようなテーマ設定が必要ですし、そのために感情移入していけるような検討方法をとる必要があるのです。

Step 1

新規事業の検討を
はじめる前の準備

イントロダクション INTRODUCTION

　新規事業の検討をすることになれば、多くの人はすぐに事業案を考えようとしてしまいがちです。しかし、それがそもそもの間違いの始まりです。

　通常業務であれば、多くの場合、目的は明確です。販売量の増加とか、コストの削減とか、生産性の向上とか、検討を進める方向性も概ね見えていることが多いです。あとは「どうやって実行するか」という具体性を磨き、期待成果と投資コストのバランスを見さえすれば、検討を前に進めることができます。

　しかし、新規事業の場合、まず**「何を目的にするのか」すら、明確でないことがあります。**

　もちろん、何らかの形で全社の事業を拡張していくことが目的ではあるのでしょうが、たとえば既存の技術力やサービス力を生かして新たな市場に参入していくことが良いのか、あるいは今いる同じ市場の中で別の事業に取り組むのが良いのか、簡単には判断できません。

　また、将来、現在の基幹事業に代わって次の基幹事業になっていくような新規事業を生み出すべきか、あくまで既存事業を補完するような新規事業が良いのかも、一概にどちらが良いとは言い切れません。

　新規事業を生むことは簡単な道のりではありません。最初に目的を明確にし、どういう方向性で検討していくかを決めてから進まないと、進んだ先で迷い、動きが取れなくなってしまうことがあります。最初に経営陣としっかりすり合わせをしておきましょう。

そして、ここで十分なすり合わせをしておくことは、後になって起案者であるみなさん自身が**途中でハシゴを外されてしまうようなことにならないための大事な保身術**でもあります。

　もちろん始めてみないとわからないことが多いのが新規事業です。いつまでも社内で机上の議論を繰り返して時間を浪費するだけで一歩も前に進まないのは愚の骨頂です。

　このステップは時間を区切って行い、いつから何を検討しいつまでに事業案としてまとめるのか、進め方の設計図を描きましょう。

　大事なことは、**起案を求めている経営陣と具体案を検討する起案者の目線が合っている**ことです。

　それが正しいかどうかは未来のことゆえ「神のみぞ知る」です。

　また、新規事業は、「何が正しいか」という理屈だけではなく、「**何をしたいか**」という意思で決めていく世界でもあります。

　まずは経営陣の意思を知り、起案者も自らの意思を固めるところから始めていきましょう。

1 | 何を目指すか

　新規事業の検討は新たに検討部署を設立して始まったものなのか、プロジェクトなどを発足させたものなのか、個人のミッションとして課せられたものなのか、様々でしょう。ただ、いずれにせよ検討を始めるに当たって、まず「**新規事業で何を目指すのか**」を確認せねばなりません。

　以下、何をどう確認しておくべきかについて整理します。

新規事業を検討する背景・意図

　新規事業の検討は会社にとって大きな投資ですから、何らかの背景や意図がないと始まりません。検討を託され起案を準備する人は、そのことを十分に理解しておく必要があります。

　経営陣などから検討の具体的な指示を仰ぐのが一番ですが、実際には**なかなか明確な指示を得ることができません**。それは、経営陣ですら新規事業の検討経験が少ないため、具体的な指示を出すことが難しいからです。

しかし、担当者は指示がないことを憂えていても仕方がありません。具体的な検討方法の指示だけでなく、その背景や意図を深いところで理解し、**自ら「何をどう検討すべきか」を考えていく**必要があります。

もちろん経営環境分析などをした結果も大事ですが、経営陣から「実はこんなことを不安に思っている」とか、「以前から○○が気になっていた」とか、「いつか○○を実現するのが夢だった」とか、「○○な会社にしたい」など**感情的な本音**もできるだけ掘り下げて聞いておきたいところです。

新規事業を成功させるには、分析的なアプローチだけでなく、"意思"が必須です。**経営陣の意思をぜひ踏み込んで理解**しておきましょう。

検討前に確認しておけると良いこと

❶ 検討範囲・ビジネスモデル

もし事前に検討すべき領域の範囲の想定があるのであれば、ぜひ確認しておきましょう。「既存の枠にとらわれずに自由に」と言われたとしても、経営陣の頭の中にも何らかの枠の範囲はあるものです。

領域範囲の設定は**5W1Hに当てはめてみる**とわかりやすいでしょう。ユーザー対象（Who）、事業エリア（Where）、業種・業態・ビジネスモデル（How）といった軸が考えられます。

特に How の部分については、どのような業態・ビジネスモデルまでを検討の対象に入れて良いのかが確認しておくべき大事なポイントです。

会社全体の仕組みは現在の業態・ビジネスモデルに合うようにできているので、これらを変えるにはハードルがぐんと上がります。

市場構造や事業環境が変われば業態やビジネスモデルも変えていかざるを得ませんが、**経営陣にその覚悟があるのか**は確認をしておきたいところです。

❷ 目指す事業規模

将来的な売上は大きいに越したことはないでしょうが、現在の本業を超えるくらいの規模を目指すのか、あくまで本業の補完的な位置づけなのか、目指す規模によって必要な投資も変わってきます。既存事業との比較の中で、どの程度の規模を目指すのかを確認しておきましょう。もちろん大きな規模を狙うほど難易度もリスクも大きくなります。

❸ 収益化までの期間

新たな事業は、立ち上げるまでだけでなく、収益化できるまでに時間がかかります。赤字の期間をどれだけ許容できるかは、企業力や経営状況によって異なります。収益化は早いに越したことはないですが、将来的な目標の高さによっては我慢も必要です。

❹ 投資規模

投資には立上げまでに必要な開発費と事業化後の赤字に耐える運営費の2つがあります。多くの場合、期待する収益規模と必要な投資規模は、ある程度比例します。目標と会社の財務状況から、可能な投資規模を想定しておく必要があります。

経営陣と事前にすり合わせるときのコツ

事前に経営陣に確認しておくべきポイントを挙げましたが、実はこれらが検討開始段階で経営陣から明瞭に示されることはまずありません。

経営陣とて新規事業の検討は経験の少ないことですし、先のことは誰も読めないので仕方がありません。

したがって、担当者は指示が明瞭でないことを憂うのではなく、経営陣が考えるための材料を提供し、少しずつ判断が明瞭になっていくように、**対話をしながら共に考えていく**姿勢が必要です。

そのとき、経営陣の思考の整理をサポートするために、以下の3点を意識しておくと良いでしょう。

❶ フェアウェイ

何を検討すべきか、具体的に決められるところを**フェアウェイ**と呼びま

す。これが明瞭に提示されるほど、検討のスピードが上がります。

　また、「この範囲であれば何を検討しても構わない」ということでもありますので、担当者はその中で自由に発想を広げて考えることができます。

　このフェアウェイはできるだけ広くとっておきたいところですが、広いほど検討に時間がかかります。検討を進めるということは、ある意味フェアウェイを少しずつ狭く絞り込んでいって、最後に具体的な事業案に仕立てるということです。

❷ OBゾーン

　一方で「"自由に考えて"とは言ったが、××はありえない」といった指示の仕方もあります。あえて口に出されることはなくても、「男性向けはなし」とか、「法人対象は考えない」とか、「モノ作りまではやらない」とか、言わずもがなでOB（アウト・オブ・バウンズ：境界の外）としている領域はそれぞれの会社にあるものです。

　1つひとつ確認しながら、「それはない」とか、「ないわけではない」と、OBゾーンを確認していきましょう。確認していく中で、自社がどんな枠組みの中で検討しているかがわかってきます。

❸ 制約条件

　企業である以上、投資できる枠にも限りがあります。法律的なことが制

約になることもありますし、人材のミスマッチやブランドイメージが大き
な障壁になることもあります。

　投資をしてリスクを厭わなければ、どうやっても乗り越えられない壁は
そうありませんが、今回の取り組みで制約条件とすることはあらかじめ決
めておいたほうが良いでしょう。

　以上の3点を1つひとつ確認していくのですが、検討初期に決めたこと
は、検討する中でどんどん変わっていくものです。

　検討の中で新たな情報が加わり仮説が生まれるのですから当然です。そ
れらに柔軟に対応し、フェアウェイとOBゾーンと制約条件を変えながら
段階を追って事業案をまとめていきましょう。

　次ページに掲載した図表1「新規事業検討前の確認ポイント」でこの節
の内容をまとめてみました。記入例を参考にして、自社だったらどのよう
になるのかを考えてみましょう。

図表1　新規事業検討前の確認ポイント（記入例）

		フェアウェイ
検討範囲	ユーザー対象	例 若い女性 例 中小企業
	事業エリア	例 国内外を問わない 例 大都市圏
	業種業態	例 文具製造 例 法人向けサービス業
	取扱い商材	例 こだわらない 例 単価が既存サービスより高いこと
	課金形態	例 購入頻度が高いと望ましい 例 会費的に安定的に課金できると嬉しい
	ビジネスモデル	例 物販とITサービスの組み合わせ 例 会費固定収入+オプション課金
目指す事業規模		例 売上で○億円、利益で○億円 例 ユーザー数で○万人、販売個数で○億個
収益化までの期間		例 ○カ月以内に準備室を開設 例 ○カ月以内に事業化
投資規模		例 初期開発コストとして○円程度

※いずれの項目も、すべて埋まっている必要はなく、事前に経営陣とのすり合わせで、指示があったもののみ記入する。

※ 特にこだわりがなく明確な決めがない項目については、無理に限定してしまわないよう、空欄のままでよい。

OBゾーン	制約条件
例 高齢者は除く（販売チャネルがない） 例 創業間もない法人は除く（与信管理）	例 既存の流通チャネルに接点があること 例 国内に決済口座があること
例 土地勘のないアフリカ・南米 例 地方・郊外	例 既存事業の物流網があるエリア 例 ○万人以上の人口集積があること
例 オフィス家具 例 自社で製造はしない	例 施工等の必要がなく販売で完結すること 例 ブランドは既存事業のもので
例 メンテナンスに手間がかかるもの 例 既存サービスと食い合わないこと	例 販売時に専門知識を必要としないこと 例 今の顧客の予算枠と別勘定のもの
例 個人への直接販売はしない 例 3カ月以内に現金回収できる	例 既存流通に配慮し直販はしない 例 手形決済は不可
例 リアル店舗での物販 例 先行投資型のもの	例 中間流通は通さず自前で顧客接点を持つ 例 従業員一人当たり売上で○円以上
例 領域でシェアNo.1を狙えること	例 利益率が○％以上は期待できること （現在の従業員の給与水準を確保するために）
例 ○年以内に黒字化できること	例 ○年の時点で売上で○円規模を狙えること （中期経営計画の数字を達成するために）
例 単年度で○円以上の赤字はNG	例 最大累損額○円以内

※ その指示が妥当であるかどうかは一旦置いておいて、検討開始段階での指示を記録しておく。

※ 検討を進める中で、事前の条件の見直しが必要である場合には、その旨を提言し軌道修正を図る。

図表1　新規事業検討前の確認ポイント（ブランクシート）

		フェアウェイ
検討範囲	ユーザー対象	
	事業エリア	
	業種業態	
	取扱い商材	
	課金形態	
	ビジネスモデル	
目指す事業規模		
収益化までの期間		
投資規模		

※いずれの項目も、すべて埋まっている必要はなく、事前に経営陣とのすり合わせで、指示があったもののみ記入する。

※ 特にこだわりがなく明確な決めがない項目については、無理に限定してしまわないよう、空欄のままでよい。

OBゾーン	制約条件

※ その指示が妥当であるかどうかは一旦置いておいて、検討開始段階での指示を記録しておく。

※ 検討を進める中で、事前の条件の見直しが必要である場合には、その旨を提言し軌道修正を図る。

2 | どうやって進めるか

　事業の検討がスタートするときの状況にもよりますが、検討が始まり、事業化が決まり、実際に立ち上げていくまでには一般に数カ月はかかります。事業の内容によっては事業化を決めるまでに1年以上の時間をかける場合もあるでしょう。

　この期間をどんな体制で、どんな段取りで、どんな時間感覚で進めていくのが良いのか、事前に考えておきましょう。

検討体制と決裁方法

　新規事業の検討の始まり方は様々です。専門の部署が新設されて始まることもあれば、組織図に載る部署とまでは行かなくともプロジェクトとして発足する場合もあります。

　また、既存の部署にそのミッションが加わる場合や、個人に指名で検討を命ぜられる場合もあるでしょう。

　担当者であるあなたはまず、この検討をどういう体制で進めていくのかを社内で確認せねばなりません。

　通常業務であれば、部署ごとの役割や役職ごとの権限、指示命令系統も明確だと思います。しかし、新規事業の検討は多くの企業においてイレギュラーな取り組みなので、関係者間で改めて事前に確認しておくことをお勧めします。

　多くの場合、最終的には役員会などで審議されて決裁を取っていくことになりますので、起案前に関連部署と事前協議をすることが必要になるでしょう。

　一般的には開発・製造部門、営業部門、営業・販売部門、経理・財務部門、法務部門などです。これらの部署が新規事業に対してどんなスタンスでいるかによって、検討の進め方は大きく違ってきます。

　まさに全社一丸で当事者の一人として携わってくれるのか、あくまで協力・アドバイザーとしてなのか、逆にチェックし監視する側として承認を取りつつ進めていくのか、**関連部署とどう連携をとって進めていくのかは社内起業ではとても大事なポイント**です。上手く進めることができるような社内の体制作りを上席の人に動いてもらう必要もあるでしょう。

　そして、**何を誰がどこで決めながら検討を進めていくのか**も、事前に確認が必要です。

　検討をどのように進め、どんな決裁が必要か順を追って説明しましょう。

検討プロセス

　すでに何らかの新規事業テーマが決まっていれば、すぐに具体的な事業案を起案し決裁を仰げば良いのですが、ここではゼロベースで検討を始めて徐々に検討の幅を絞り込んでいって最終的に事業案の承認を取る、という場合のプロセスについて紹介します。

　段取りを細かく分けるので、まどろっこしく感じる方もいるかもしれませんが、私の経験則では、具体的な案件を考えては起案し、ダメならまた別案を考えて起案するという「ゼロイチ」を繰り返すよりも、順を追って検討し起案して**方針を確認しながら進める方が結果的に早道**になることが多いです。

❶ ミッションの確認

　前項で述べた通り、まずは目的とゴールを担当役員らと確認をし、場合によっては役員会などで共有しておきます。ここでボタンの掛け違いがあると、時間をかけて検討した後になって、「こういう新規事業を期待したのではない」という話になってしまいます。

　人によって「新規事業とは」の考えが違うことも多いので、何をもって「新規事業」と言うのかも検討の最初にきちんと確認をしておきます。

　ただ、このプロセスにあまりに時間をかけるのはもったいないので、できるだけスムーズに進めましょう。

❷ 検討する領域を決める

「自由に」と言われて検討を始めることほど難しいものはありません。ビジネスの対象領域は無限に広がっているので、何らかの方向性を決めて深掘りをしていかないと先へ進めません。

　まずはどういった領域を対象にしてテーマを探していくか、大きく検討範囲を決めていきましょう。

　ここではある程度ロジカルに整理しておかないと、後で「なぜ我が社がこの領域で事業を行うのか」を問われることになります。

　決め方には様々な方法があります。その方法をステップ2で説明します。

❸ 検討するテーマを決める

　❷で大まかに検討領域が決まったら、そこにどんなビジネスチャンスがありそうかを考え、何かビジネスに繋がりそうなことを見つけることができたら、それを「テーマ」とします。

　まだ具体的な事業案のレベルでなくても構いませんが、何を追いかけ深掘りしていくかを決めます。実は、ここでどこまで検討を深めることができるかが勝負を決めます。最も時間をかけるべきプロセスです。

この「テーマ」を決めるために本書では「**国語・算数・理科・社会**」思考法という独自のメソッドを紹介しています。ステップ３で詳しく説明します。

❹ 事業案を作る

　❸で決めた「テーマ」の中から、具体的な事業案を考えます。

　事業案には、どんな要素を盛り込む必要があるか、そのためにどんな検討が必要かをステップ４で説明します。

❺ 社内承認を取る

　事業案は考えて作るだけでなく、起案して社内承認を取れなければ意味がありません。どうやったら通せるか全社に目配りをし、準備をします。

　作った案をどのように起案書にまとめて社内で通していくのか、そのポイントをステップ５で説明します。

┃ スケジュール感覚 ┃

　大まかで良いので、いつの時期までにどこまで検討を済ませ、**社内のどこで途中経過の報告・共有・決裁を取っていくのか**のスケジュール感を社内ですり合わせておきましょう。

　よく「検討に充てるのに妥当な期間は？」と聞かれますが、一概には答えられません。企業の体内時計によって進むペースが大きく違うのも確かです。経験的には、事業環境の変化のスピードも勘案し、決裁までを回すサイクルを決めるのが適当かと思います。

　最終的な起案の時期をまず決めて、逆算でいつまでにどこまでしておく必要があるかと考えるのが良いでしょう。

　次ページに掲載した図表2「新規事業の検討スケジュール」の記入例を参考にして、自社のケースを考えてみましょう。

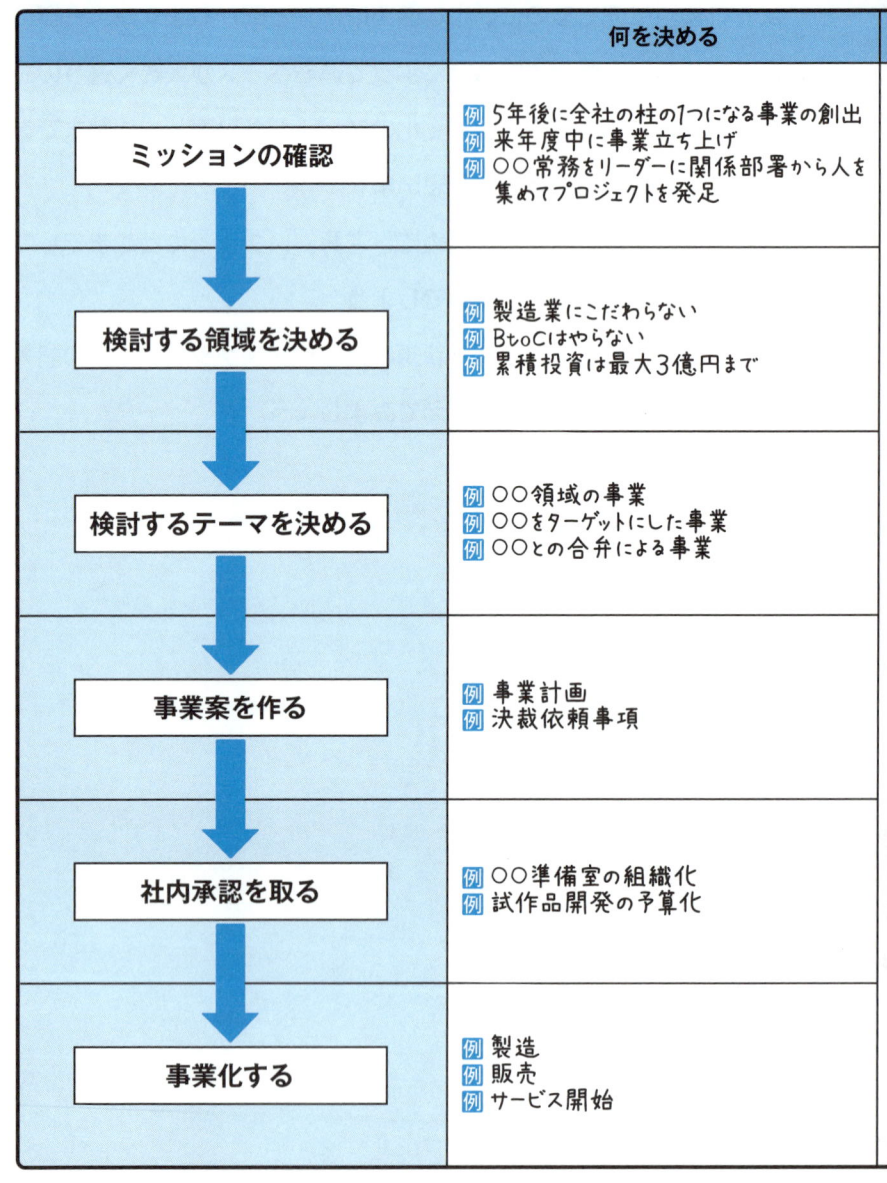

図表2　新規事業の検討スケジュール（記入例）

	何を決める
ミッションの確認	例 5年後に全社の柱の1つになる事業の創出 例 来年度中に事業立ち上げ 例 ○○常務をリーダーに関係部署から人を集めてプロジェクトを発足
検討する領域を決める	例 製造業にこだわらない 例 BtoCはやらない 例 累積投資は最大3億円まで
検討するテーマを決める	例 ○○領域の事業 例 ○○をターゲットにした事業 例 ○○との合弁による事業
事業案を作る	例 事業計画 例 決裁依頼事項
社内承認を取る	例 ○○準備室の組織化 例 試作品開発の予算化
事業化する	例 製造 例 販売 例 サービス開始

どこで決めるか	いつまでに
例 社長と担当取締役とのすり合わせ	例 今月末までに
例 担当取締役とプロジェクトリーダーのすり合わせ	例 来月末までに
例 取締役会議	例 今Q(四半期)以内に
例 関係者の集まるプロジェクト会議	例 年内に
例 取締役会議	例 年度末までに
例 取締役会議 例 関係者の集まるプロジェクト会議	例 来期の〇月頃に

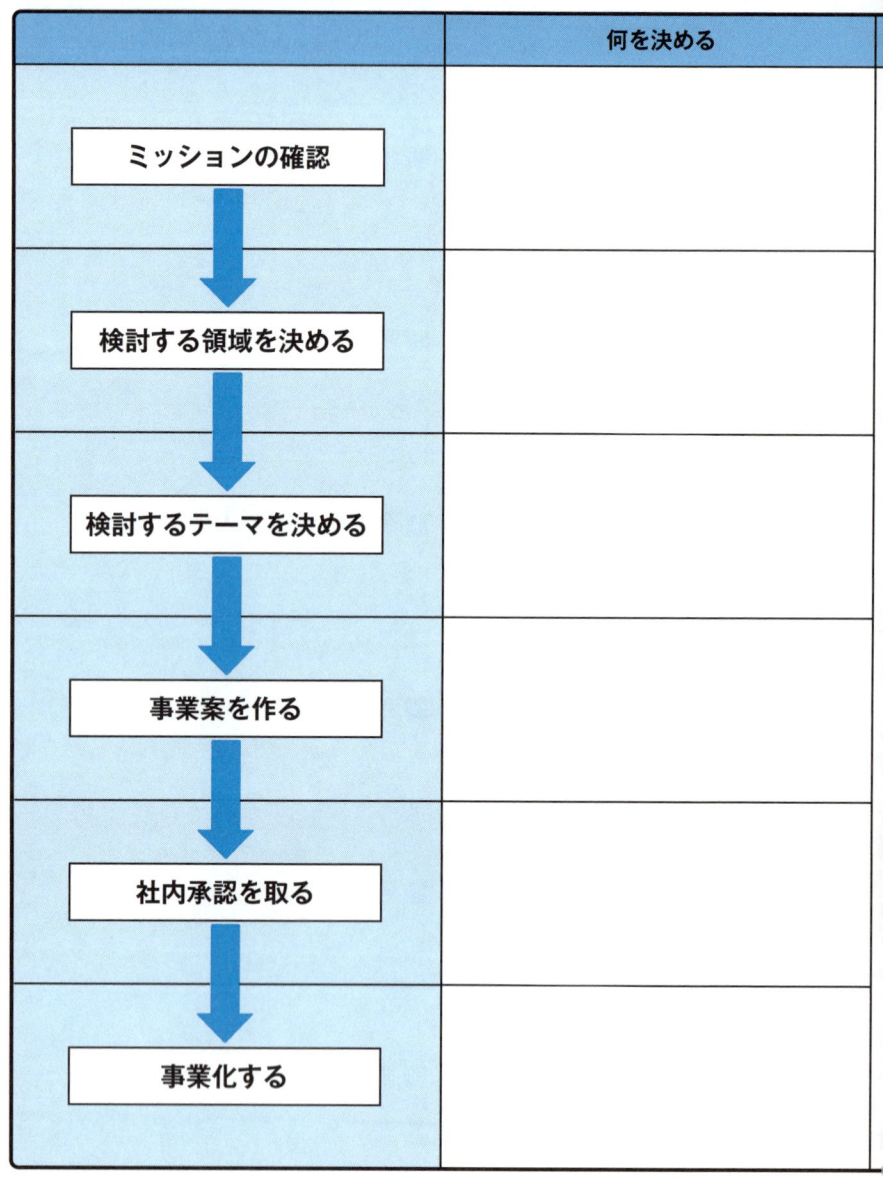

どこで決めるか	いつまでに

Step 2

検討する領域・テーマを決める

イントロダクション

　新規事業で何を目指しどういう範囲で検討するかが決まったら、実際の検討作業に進みます。

　しかし、ここでいきなり具体的な事業案の検討を始めてしまってはいけません。数多ある領域の中で、もし業態やビジネスモデルを問わず何をしても良いとなると、どこから手をつけて良いかわかりません。

　思いつくままに手をつけて検討をしていては、いつまで経っても検討が終わりません。検討をするにも何らかの筋道を立てて順番にフォーカスを絞っていく必要があります。

　そうやって検討の幅を少しずつフォーカスし検討範囲を狭めていくのが、一見歩みが遅いように見えて結果的にはゴールに対し近道である、というのが私の経験則です。

　出戻りを繰り返したり、途中で進む方向が見えなくなり迷って検討が止まってしまうというようなことが少なくなります。

　そのためにまず、**どういう範囲で検討するか、その領域やテーマを決めていく**ところから始めます。

　そして、その決め方は、誰にもわかりやすく説明しやすいものである必要があります。なぜなら、社内で事業案の承認を取る際に必ず「なぜこの事業案なのか」「他にも案の選択肢はあるのではないか」と問われるからです。そのときに最終案に辿り着いた経緯を明快に説明できないと、周囲から理解を得ることはできません。

検討する領域やテーマの決め方は一様ではありません。会社の状況によっても、検討者の好みによっても、適切なものは異なるでしょう。

　ただ、社内起業では**検討の起点は既存事業に置く**ことをお勧めします。もちろん既存事業とまったく関係のない事業を検討することもあるでしょうが、その場合も既存事業と対比しながら起案する方がスムーズです。

　ここでは8種類の方法を取り上げました。それぞれの方法の特徴、どのようなケースに向いているかを紹介しますので、この中から自社に（自分に）適していると思う方法を選んで使ってください。

　また複数の方法を組み合わせることもお勧めします。いくつかの方法を試してみて、まずは起案者自身が「**自分の会社にはどんな新規事業の可能性があるのか**」の感触を掴むことが有効です。

　多くの場合、新規事業の検討は「今のままではまずい」という経営課題からスタートします。しかし、このステップにおいて様々な角度から既存事業を見直すことで、自分の会社が持つ様々なポテンシャルを感じることができるはずです。その感触をぜひ次のステップ3での「ビジネスチャンスの探索」につなげていきましょう。

1 | 5W2H 展開法

既存事業を軸に、普段とは異なる様々な視点から強制的に発想を拡げることができる。

「新規事業」というと、既存事業とはまったく違うものと考えがちですが、実際には既存事業の要素の何か1つを変えるだけで、十分にポテンシャルの高い魅力的な新規事業案になることもあります。

　では、実際にはどのようにして「既存事業から変える要素」を考えていくのでしょうか。最もシンプルな思考法として、「5W2H 展開法」を紹介します。

▌手順▐

❶ 既存事業を 5W2H で定義する

　まず既存事業がどういう事業であるのかを 5W2H の各項目に沿って定義します（定義の仕方は下記の図を参照）。それが当然のことで言うまでもないことでも、改めて一度言葉に落としてみます。

　5W2H のそれぞれが何を意味するかは業種業態によって異なると思うので、What、Who、Where……それぞれの単語が意味するところに想像力を働かせ、できるだけ様々なバリエーションで定義してみてください。

既存事業を５Ｗ２Ｈで説明してみる

既存事業における「Who」って？	誰に（購買者）、誰が（利用者）、誰と（取引先、協業先）etc.
既存事業における「When」って？	いつ（需要期、売れる時間帯、使う時間帯）、どの段階（バリューチェーン）etc.
既存事業における「Where」って？	どこで（事業エリア、流通チャネル、売り場、業界、領域、○○市場）etc.
既存事業における「What」って？	何を（売る製品・サービス、販売名目、製品属性）、何で（材料）etc.
既存事業における「How」って？	どうやって（販売方法、製造方法、仕入れ方法、デリバリー方法）、どんな（業態、ビジネスモデル、協業方法）etc.
既存事業における「How Much」って？	いくらで（価格）、どうやって（課金方法、料金体系、予算、費用名目）etc.
既存事業における「Why」って？	なぜ（顧客が買う理由、顧客に提供する価値、差別性、競争優位性）etc.

❷ 各項目ごとに試しに変えてみる

次に 5W2H の各項目ごとに、もし仮にこの項目だけを何か別のものに変えてみたらどうなるだろうかと考えます。

そのとき、最初はその実現性や収益性について考えないようにします。まずは言葉遊びのような形でもかまいません。何かに縛られることなく自由に、「もし既存事業の Who を別の何かに変えたらどうなるか」と言ったように各軸ごとに変更案をできるだけ多く出してみます。

❸ ❷で挙げた中から有望そうな変更案を 1 つ選ぶ

5W2H それぞれの軸についてできるだけ多く挙げた変更案の中から、有望そうなものをいくつかピックアップします。この段階ではまだ正確に有望さを深く吟味する必要はありません。

ただ、既存事業とあまりに近い現実的な変更案では、事業領域が既存事業と被ってしまい、新鮮味のある事業案に繋がりにくくなります。この段階では、既存事業との違いや広がりを重視するのが良いでしょう。

❹ まずは 1 項目だけ変えてみて、付随して他の項目の変更案を考える

最初は 5W2H の中の 1 つだけの軸の変更案をピックアップします。重要な軸を 1 つ変えれば、事業として成立させるために他の軸も対応させて変える必要が出てきます。

軸にした変更内容に合わせ、他の軸も合わせて変えていきましょう。

❺ 5W2H を再度組み立て直す

　最初に変えた 1 つの軸に合わせて他の軸も整合性がとれるように変更したら、再度 5W2H を一気通貫で見直してみて、新たな 5W2H に組み立て直してみましょう。

　それが 1 つの新規事業の案になります。

【上手く使いこなすためのコツ】

- 複数の異なる既存事業がある場合は、個別の事業ごとに定義する
- わかりきったこととせず、色々な 5W2H の軸で定義してみる
- 具体的な言葉だけでなく、抽象的な言葉でも定義してみる
- 最初から良い案を出そうと思わずに、「ありえないわけではない」くらいのレベルで構わないので、自由に考えてみる
- 従来ならまったく考えなかったような軸をあえて変えて考えてみると、発想の枠組みがグンと広がる

この手法の良さと活用法

　既存事業を改めて5W2Hのフレームで整理してみると、既存事業がどのような事業であるのかが改めて明確になります。今までと違う意味合い、位置づけが見つかると、新たな視界が広がります。

　いつもと同じ視点で既存事業を見ていても、新しい視界はなかなか見えてきません。普段なら考えもしない変更案をあえて出すことで、従来とは異なる枠組みを見つけるためのトレーニングだと思って取り組んでください。

　最初は何か1つの軸を変えてみるだけでも、最後に5W2Hを一気通貫で見直してみると、既存事業とはまったく違う事業案になっていたりします。従来なら考えもしなかったことでも「意外に○○は可能性があるかもしれない」と見えてくるものです。

　この段階ではまだ検討領域やテーマを決めていく段階なので、簡単に5W2Hで示せる程度で十分です。まだ事業案の具体性を深めていくフェーズではありません。「○○事業というような領域にも可能性があるかも」とおおよその見当がつくだけで十分です。

　たとえば、リクルート社はこれまで求人広告やマンション情報から始ま

って、旅行、結婚式場、飲食店、美容室と扱う「情報（What）」を変えて事業を拡げてきました。そして、What を変えた後で、それに合った「チャネル（Where）」や「配信方法（How）」を変えています。

また、眼鏡店の JINS 社では「目が悪くない人」という一見無謀に見える Who を対象にすることで、「パソコンを使うとき（When）専用」の「ブルーライトカットメガネ（What）」を開発しました。

他にも、カラオケルームの業界では、一般的に稼働率の低い「平日日中（When）」に目をつけることで、「ビジネス用の商談に活用（Why）」という利用シーンを創出しています。

一見それまでの常識では考えにくいことでも、無理やり何か 1 つの軸を変えてみることで新しい発想を生み出した好例と言えるでしょう。

既成概念にとらわれず、5W2H の軸を 1 つずつ見直して、「もし、この軸をあえて変えるとしたらどうだろう」と考えてみてください。

ポイント

ブレストのつもりで、自由に大胆に発想を拡げてみよう。

図表3　5W2H展開法

〈オフィス用の文具メーカーの場合〉

		既存事業を定義する	
WHO	●誰に、誰が、誰と etc. ●購入する人、利用する人、協業する人　etc.	例 オフィスで働く人に 例 会社の購買担当者が 例 オフィスで働く人で共用し	—
WHEN	●いつ ●どんな時に ●どんな場面で　etc.	例 日常用途 例 仕事で使う 例 年度初めや年初が需要期	
WHERE	●事業エリア ●流通チャネル ●売り場 ●業界 ●領域　etc.	例 全国 例 オフィス街の文具専業店 例 オフィス用品売り場 例 文具業界 例 日用の必需品の市場で	
WHAT	●何を・何で ●製品・サービス ●販売名目 ●製品属性 ●材料　etc.	例 オフィス用文具 例 会社の備品 例 仕事の道具	
HOW	●どうやって ●どんな ●方法・業態 ●ビジネスモデル etc.	例 自社で企画製造した製品を自社の販売チャネルを通じて販売	
HOW MUCH	●価格 ●料金体系 ●課金方法 ●予算枠 ●費用勘定科目　etc.	例 低単価 例 まとめて大量販売 例 会社の経費 例 備品代	
WHY	●提供価値 ●差別性 ●優位性　etc.	例 低価格 例 安定した品質 例 いつでもどこでも 例 慣れている	—

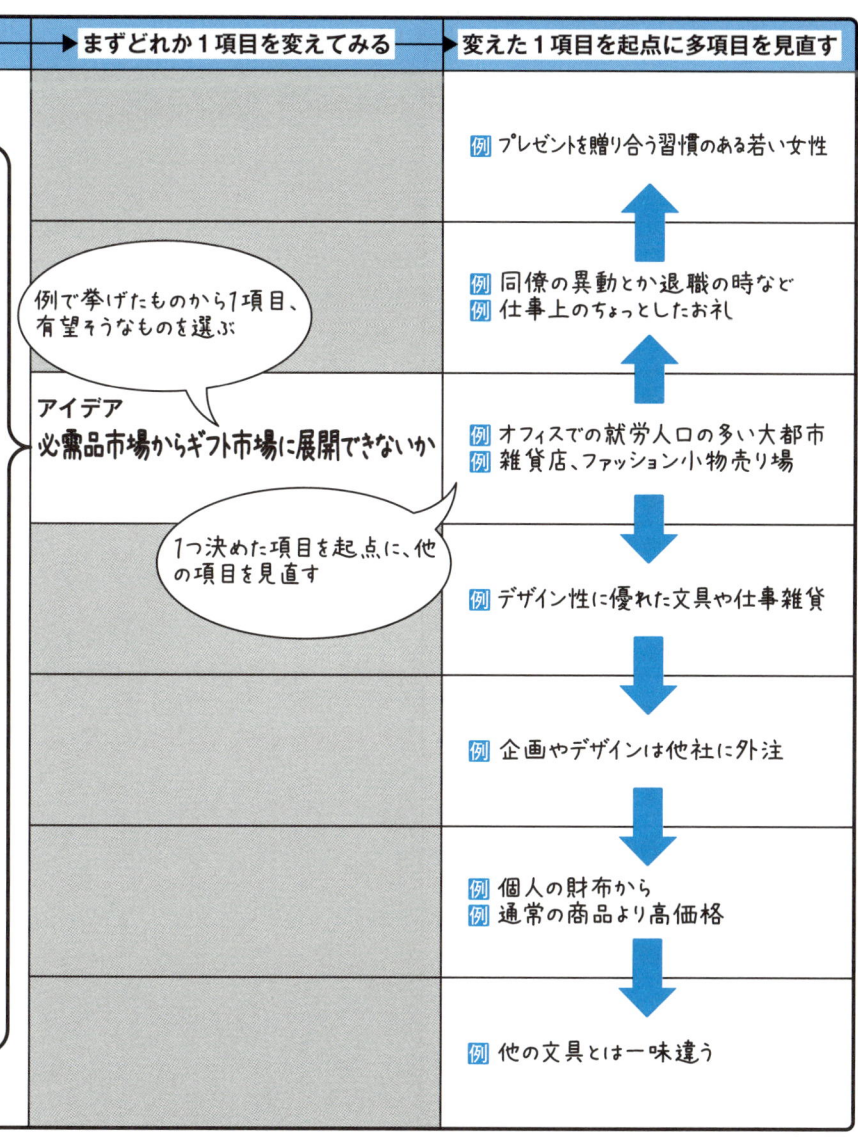

まずどれか1項目を変えてみる	変えた1項目を起点に多項目を見直す
	例 プレゼントを贈り合う習慣のある若い女性
例で挙げたものから1項目、有望そうなものを選ぶ	例 同僚の異動とか退職の時など 例 仕事上のちょっとしたお礼
アイデア **必需品市場からギフト市場に展開できないか**	例 オフィスでの就労人口の多い大都市 例 雑貨店、ファッション小物売り場
1つ決めた項目を起点に、他の項目を見直す	例 デザイン性に優れた文具や仕事雑貨
	例 企画やデザインは他社に外注
	例 個人の財布から 例 通常の商品より高価格
	例 他の文具とは一味違う

〈ブランクシート〉

		既存事業を定義する ──
WHO	●誰に、誰が、誰とetc. ●購入する人、利用する 　人、協業する人　etc.	
WHEN	●いつ ●どんな時に ●どんな場面で　etc.	
WHERE	●事業エリア ●流通チャネル ●売り場 ●業界 ●領域　　　　　etc.	
WHAT	●何を・何で ●製品・サービス ●販売名目 ●製品属性 ●材料　　　　　etc.	
HOW	●どうやって ●どんな ●方法・業態 ●ビジネスモデルetc.	
HOW MUCH	●価格 ●料金体系 ●課金方法 ●予算枠 ●費用勘定科目　etc.	
WHY	●提供価値 ●差別性 ●優位性　　　　etc.	

▶まずどれか１項目を変えてみる ─▶	変えた１項目を起点に多項目を見直す

2 | 9種類の アンゾフ・マトリックス

既存事業を普段とは異なる言葉で定義し直すことで、新たな発想の視点を得る。

　既存事業を軸にした新規事業の発想法の定番に、「**アンゾフの成長マトリックス**」があります。「**市場**」と「**手法**」の2軸を取り、新たな市場に広げていくのか、新たな手法を開発するのか、大きく2つの展開があるというものです。

　ここでは「市場」と「手法」のそれぞれを4W2H（Whyを除いて、How Muchを加える）で分解し、**9種類のマトリックス**を描いて発想を広げることを試みます（前節の「5W2H展開法」に取り組んだ後に試してみてください）。

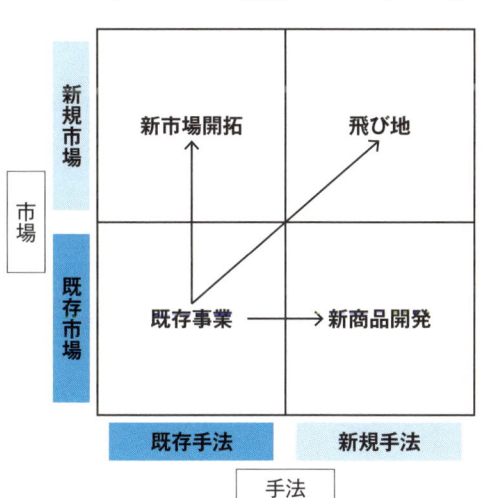

〈アンゾフの成長マトリックス〉

手順

❶ 既存事業を 4W2H で定義する

前節「5W2H 展開法」と同様に、まず既存事業がどういう事業であるのかを 4W2H の各項目に沿って定義します。

そのうち、「Where ／ Who ／ When」を「市場」、「What ／ How ／ How Much」を「手法」として 2 つに分けます（Why はそれによって生み出す価値です）。

❷ 3つずつに分けた各軸からそれぞれ 1 つずつを選び出す

「市場」を示す「Where ／ Who ／ When」の中から 1 つ、「手法」を示す「What ／ How ／ How Much」の中から 1 つ、既存事業からの展開として有効そうなものを選びます。

❸ 選んだ 2 軸でマトリックスを描く

　選んだ 2 軸の組み合わせで 4 象限のマトリックスを描き、空いた空欄（右上）にどんな事業がありえるかを想像します。

❹ 9 種類のマトリックスを描いてみる

「市場」に 3 つ、「手法」に 3 つの軸がありますから、その掛け合わせで 9 種類のマトリックスを描くことができます。9 種類のマトリックスそれぞれで逆象限（右上）にどんな事業が考えられるかを想像してみましょう。

❺ 最もしっくりくる 4 象限マトリックスを 1 つ選ぶ

　様々な軸の組み合わせの中で、空欄にどんな事業が考えられるかを想像することで、どの組み合わせの 4 象限が最も相応しいかを選びます。

　1 つ選んだ組み合わせの 4 象限について、再度深く考えてどんな事業展開がありそうかを考えます。

【上手く使いこなすためのコツ】

• 面倒に思わず、色んな組み合わせでマトリックスを試してみる。

• 実現性や収益性は深く考えず、まずはどんな事業があり得そうかを
　自由に出してみる。

| この手法の良さと活用法 |

　既存事業を起点に、「手法」と「市場」の2軸で分けたマトリックスを
組み、新規事業展開の方向性を「新商品開発」「新市場開拓」「飛び地」と
3種類に分けるアンゾフのマトリックスは、とてもシンプルでわかりやす
いのでよく使われます。

　しかし、私の経験ではそのままの形で使っても大括り過ぎて具体的な案
を出すのには向いていません。実際には「手法」と「市場」を要素に分解
してみると、より具体的にイメージが湧きやすくなります。

　これは実は前節の「5W2H展開法」が何か1つの軸を決めて変えてみ
るというやり方だったのに対し、一度に2つの軸を変えてみるという方法
です。

　アンゾフのマトリックスでは、「飛び地」は既存事業とは無関係の距離
の遠い事業に映りがちですが、9種類のマトリックスを並べてみると、実

は「飛び地」も案外できないことではない、と思えるようになります。

　既存事業から発想を拡げるための手法として使ってみてください。自社が今後何を軸に事業を拡張していくべきかのヒントが見えてくるかもしれません。

　たとえば、リクルート社は「求人」「マンション」「旅行」といった対象領域（What）を軸に事業を拡大してきた印象だと思いますが、実は戦略的には「Where」と「Who」と「When」の３つの軸を基軸に、どうすれば事業を拡大していけるかを考えていました。

　長らくリクルートの事業は商圏が「首都圏・関西圏・名古屋圏」くらいの広さで事業を展開しました。まず首都圏から始め、徐々に関西・名古屋と地域版を増やしていく仕組みです。

　ただ、この方法だと福岡・札幌・仙台あたりまでは事業進出できるのですが、それ以下の商圏規模での事業化は難しく、事業規模の頭打ちが想定されました。

　そこで出てきたのが「ホットペッパー」というエリア誌です。これらはより狭い商圏を対象にしたので、地方都市でも事業化が可能でした。

　まず「商圏の狭い領域を狙う」と決めて飲食店や美容室といった情報内容（What）を決め、市販よりも無料配布（How）、低単価（How Much）と事業を拡げました。

また、読者対象（Who）を広げることも大きな戦略課題でした。

転職も住宅購入もクルマの購入も比較的読者の年齢層が高いので、若年層の取り込みをしたいと考えていました。

そのためにエンターテインメント系の情報を扱ったり（What）、雑誌を買う習慣がない若者向けに無料配布したりすることを考え（How）、Who の拡大を図りました。

そして、従来のメディアが、転職・住宅購入・結婚など生涯の中でも頻度の低い行動ばかりに偏っていて、日常的な読者との接点が少なかったことから、「When」の拡張も大きな戦略課題でした。

「日常から接してもらえるメディア」という視点で、飲食や美容に事業を拡げた経緯もあります。

このように、１つの事業も９種類の様々な組み合わせのマトリックスで説明することができるので、ぜひ色々な組み合わせパターンを試してみてください。

ポイント

異なる２軸であえて単純化して既存事業を定義することで、新たな発想の気づきを得る。

図表4　9つのアンゾフ・マトリックス

〈大都市の法人向けにオフィス機器の販売をしている会社の場合〉

「Where」を変えることを起点に展開を考える

大都市におけるオフィス家具の市場が飽和しているので、別の市場を開拓することを基軸に、そのため商品開発や販売方法を検討

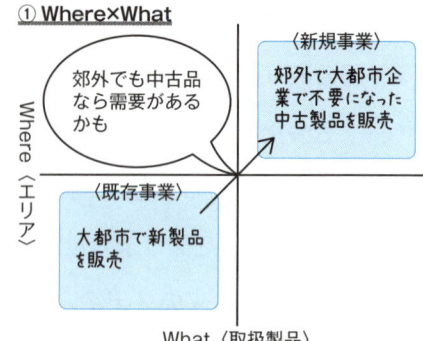

① Where×What

Where 〈エリア〉

郊外でも中古品なら需要があるかも

〈新規事業〉
郊外で大都市企業で不要になった中古製品を販売

〈既存事業〉
大都市で新製品を販売

What 〈取扱製品〉

「Who」を変えることを起点に展開を考える

大手企業の総務部向けの市場では競争が激化しており、別の市場を開拓することを基軸に商品開発や販売方法を検討

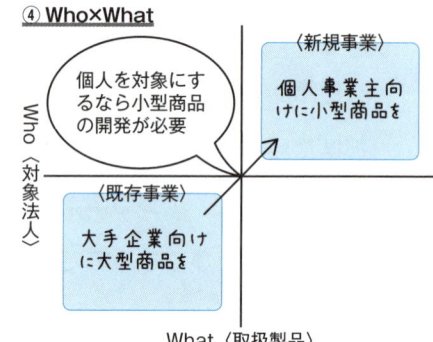

④ Who×What

Who 〈対象法人〉

個人を対象にするなら小型商品の開発が必要

〈新規事業〉
個人事業主向けに小型商品を

〈既存事業〉
大手企業向けに大型商品を

What 〈取扱製品〉

「When」を変えることを起点に展開を考える

オフィスの移転や組織変更など特定の時期に偏った需要では稼働が平準化しないので、年間通して売上を立てられるような商品開発や販売方法を検討

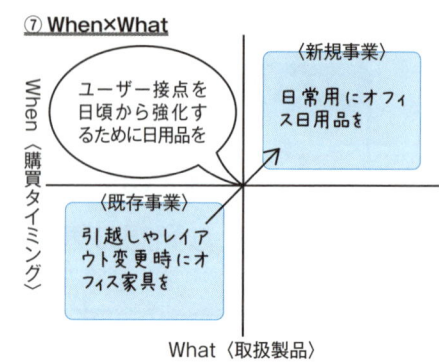

⑦ When×What

When 〈購買タイミング〉

ユーザー接点を日頃から強化するために日用品を

〈新規事業〉
日常用にオフィス日用品を

〈既存事業〉
引越しやレイアウト変更時にオフィス家具を

What 〈取扱製品〉

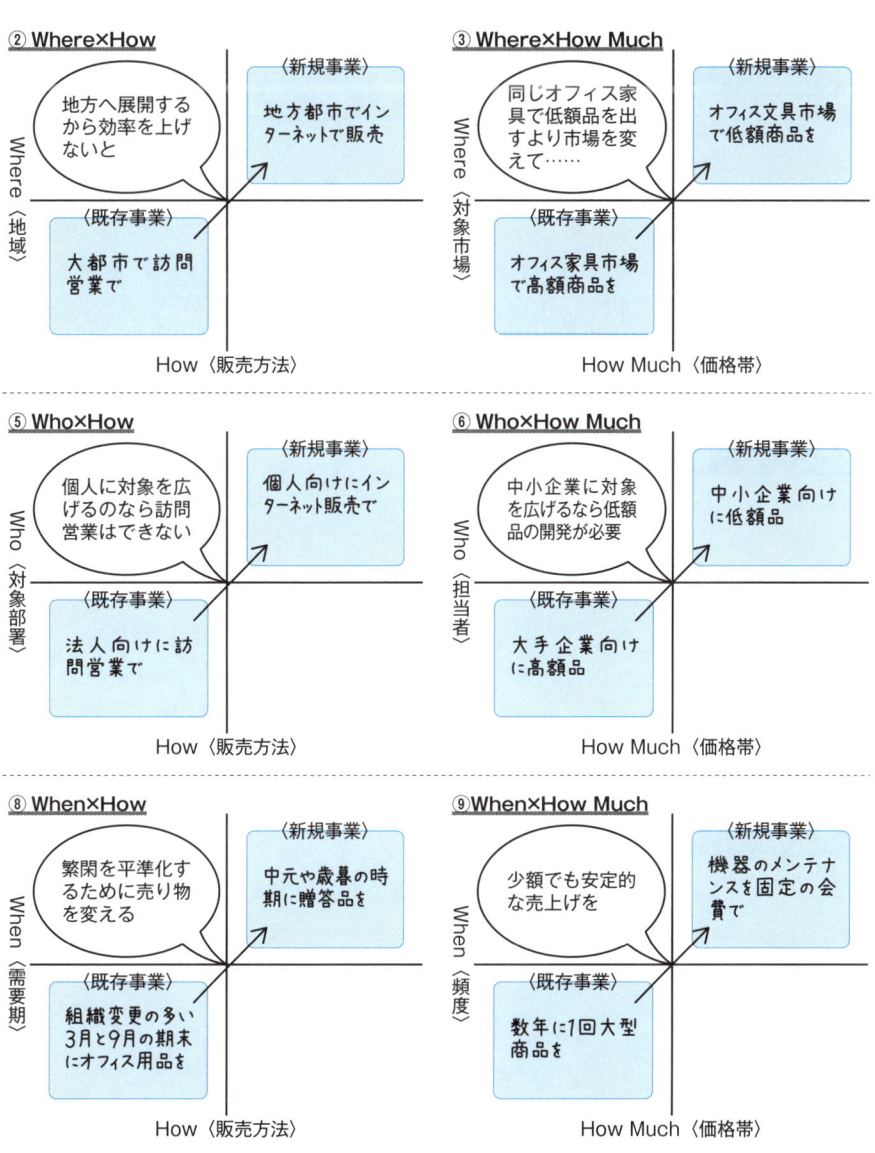

② Where×How

〈新規事業〉
地方都市でインターネットで販売

地方へ展開するから効率を上げないと

Where〈地域〉

〈既存事業〉
大都市で訪問営業で

How〈販売方法〉

③ Where×How Much

〈新規事業〉
オフィス文具市場で低額商品を

同じオフィス家具で低額品を出すより市場を変えて……

Where〈対象市場〉

〈既存事業〉
オフィス家具市場で高額商品を

How Much〈価格帯〉

⑤ Who×How

〈新規事業〉
個人向けにインターネット販売で

個人に対象を広げるのなら訪問営業はできない

Who〈対象部署〉

〈既存事業〉
法人向けに訪問営業で

How〈販売方法〉

⑥ Who×How Much

〈新規事業〉
中小企業向けに低額品

中小企業に対象を広げるなら低額品の開発が必要

Who〈担当者〉

〈既存事業〉
大手企業向けに高額品

How Much〈価格帯〉

⑧ When×How

〈新規事業〉
中元や歳暮の時期に贈答品を

繁閑を平準化するために売り物を変える

When〈需要期〉

〈既存事業〉
組織変更の多い3月と9月の期末にオフィス用品を

How〈販売方法〉

⑨ When×How Much

〈新規事業〉
機器のメンテナンスを固定の会費で

少額でも安定的な売上げを

When〈頻度〉

〈既存事業〉
数年に1回大型商品を

How Much〈価格帯〉

図表4　9つのアンゾフ・マトリックス

〈ブランクシート〉

| 「Where」を変えることを起点に展開を考える |

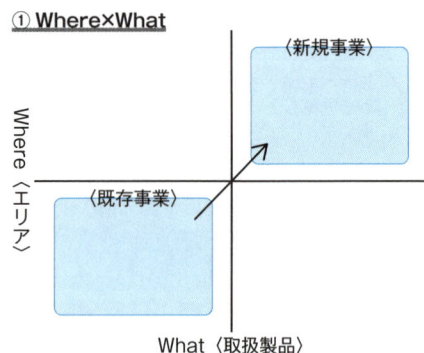

① **Where×What**

| 「Who」を変えることを起点に展開を考える |

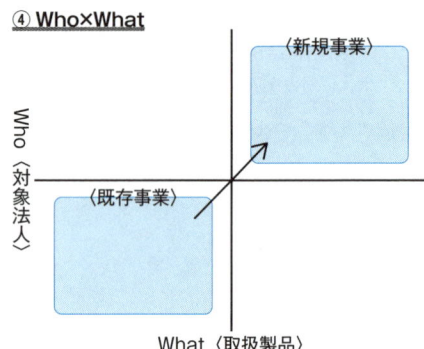

④ **Who×What**

| 「When」を変えることを起点に展開を考える |

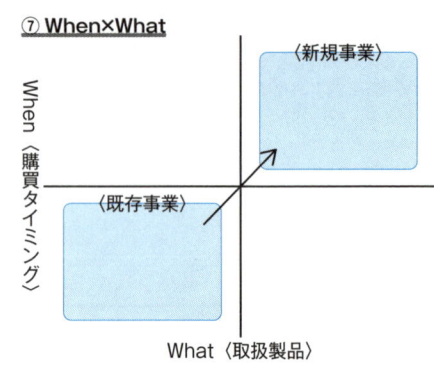

⑦ **When×What**

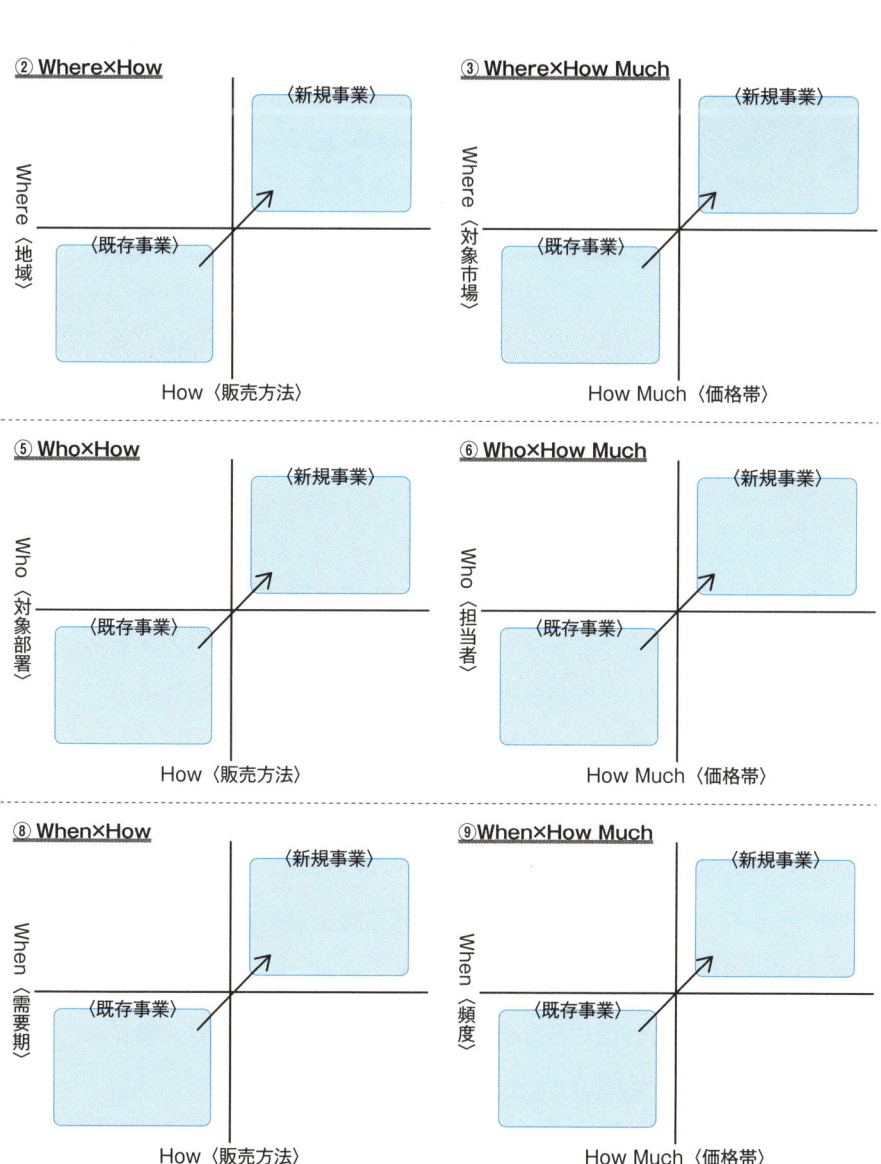

② **Where×How**

Where〈地域〉 / How〈販売方法〉
〈新規事業〉 〈既存事業〉

③ **Where×How Much**

Where〈対象市場〉 / How Much〈価格帯〉
〈新規事業〉 〈既存事業〉

⑤ **Who×How**

Who〈対象部署〉 / How〈販売方法〉
〈新規事業〉 〈既存事業〉

⑥ **Who×How Much**

Who〈担当者〉 / How Much〈価格帯〉
〈新規事業〉 〈既存事業〉

⑧ **When×How**

When〈需要期〉 / How〈販売方法〉
〈新規事業〉 〈既存事業〉

⑨ **When×How Much**

When〈頻度〉 / How Much〈価格帯〉
〈新規事業〉 〈既存事業〉

3 ｜ 9象限 マトリックス法

得られる効果

何の壁を越えているかで「新規事業」と呼ぶのかを明確にする。

　実は何をもって「新規事業」と呼ぶかには色々な定義の仕方があります。会社によっても違いますし、同じ会社の中でも人によって捉え方は違うでしょう。実際、何をもって「新規事業」と呼ぶかに、正しい定義はありません。

　したがって、この認識のすり合わせを最初に社内できちんとしておかないと、後になって「そんなものは既存事業の延長線上であって、新規事業とは言えない」なんてことになってしまうこともあり、せっかく検討したプランが社内でまったく評価されないという悲しいことにもなりえます。

　そんな悲しい結果にならないための方法を紹介します。

┃ 手順 ┃

❶ 2つの軸で既存事業を定義する

既存事業を2つの軸で定義します。

前項のアンゾフの成長マトリックスのように、「市場」×「手法」の2軸を置いてもかまいませんし、前項の4W2Hで選んだ2軸でもかまいません。

❷ 各軸をそれぞれ3段階に分け9象限を作る

一般的にアンゾフの成長マトリックス等では4象限に分けますが、ここではあえて各軸を3段階に分けて9つの象限を作ります。

そして、左下に置く既存事業の隣の象限を「浸み出し型」、もう一つ遠い象限を「跳び出し型」とします（84ページの図参照）。

❸ 各象限に想像できる新事業の案を仮に置いてみる

まずは感覚的で構わないので、既存事業からの距離で2段階に分け、既存事業をベースにした新事業を置いてみます。

❹ 9象限に分けている各軸の「線」の意味を考える

感覚的に分けて各象限に入れた事業案を見渡して、既存事業と「浸み出し型」、「浸み出し型」と「飛び出し型」を分けている線は何を隔てている線なのかを考えます。

線が何かがわかったら、各象限に入れる事業案を再度見直してみます。

❺ 今回の検討では「何をもって新規事業とするか」を確認する

検討すべき新規事業が「浸み出し型」でも良いのか、「飛び出し型」が求められているのかを社内で確認し、どれくらい既存事業から離れた事業を検討していく必要があるのかを検討メンバー内で共有します。

【上手く使いこなすためのコツ】

• はじめは感覚的で構わないので、一旦9つの象限に分けてプロットしてみる

• ❸での例示は、左下から右に2つ、上に2つの両角の象限だけでもかまわない

• 具体的な事業案の配置を俯瞰しながら、なぜそう分けたか理由を考える

• 既存事業からもっと離れて跳び出した方が良さそうであれば、新たに「跳び出し型」の事業例を考えてみる

- 複数人で別々に作って比較することで、各人が何を象限を分ける線だと考えているかを知ることも、新しい着想を得る機会になる

この手法の良さと活用法

　社内で新規事業の検討が始まるときには、それが重要な経営課題とされて始まる割に、何をもって新規事業と呼ぶのかの認識は案外正確に定義されていないものです。

　既存事業に何らかの課題があるからこそ新規事業がわざわざ検討されるわけです。したがって、新規事業は既存事業と何らかの一線を画すものでないといけないのですが、その「一線」が何であるかは誰も具体的に言葉にしていないことが往々にしてあります。

　既存事業に携わる人も課題を前にして何もしていないわけがありませんから、何らかの取り組みはしているはずです。

　何か事業案を出すと、「それでは既存事業の改善に過ぎない」とか、「バリエーションを多少広げた程度」とか、「既存の枠組みに縛られていて新規性が低い」と評価されてしまうことがあります。

　一方で、既存事業からあまりにかけ離れ過ぎた案を出すと、「既存の経営資源を活用できない」とか、「既存事業とのシナジー効果が期待できな

い」「事業化の難易度が高過ぎてリスクが大き過ぎる」といった評価を受け、これも受け入れられません。

　要はその加減が大事なのですが、その加減は抽象的な言葉だけだとなかなかすり合せることができません。具体的な事業案で違いを見せ、関係者間で議論しやすくすることが、この手法の最大の効用です。

┃ 乗り越えるべき壁 ┃

　象限を隔てる線は、実は既存事業が新たな領域へ事業を拡張していこうとしたときに立ち塞がる「壁」です。

　事業を拡張させていくためには、何らかの「壁」を乗り越えなければいけません。大事なのは「壁」を乗り越えた先にどんな魅力的な事業の可能性が広がるか、そのために乗り越えなければいけない「壁」がどのようなものであるかを明らかにすることです。

　この手法を通じて、乗り越えるべき「壁」を明確にすることができれば、それが最大の効用です。

　たとえば、リクルート社の過去の事業展開で言えば、かつて紙で情報誌を発行していたところからインターネットに移行することには大きな「壁」がありました。

　加えて、単に広告を掲載していただけのところから予約や資料請求ができるようにすること、そして決済や配送までできるようにすることにも大きな「壁」がありました。

　それはITという技術的な壁だけでなく、広告主の効果指標が変わるということであり、自社だけでは運用できず決済や物流の会社と提携して協働で事業を行うという壁でもありました。

　製造業においては、自社は製造までしか行わないのか、それとも直接販売まで行うかは大きな「壁」になります。また、同じ販売をするにも、相手が一般消費者であるのか（B to C）、法人であるのか（B to B）であるのかの違いが大きな壁になる場合もあります。

　企業によって何が「壁」になるかは様々であり、何をもってして「壁」と定義するかに決まりはありません。

　ただ、何か新しいことにチャレンジしようとすれば何らかの壁があるものであり、何の壁もないとしたら、それは既存のものの改良レベルに過ぎず、新規事業とは呼べないかもしれません。

ポイント

「そもそも新規事業とは何か」社内で議論するためのフレームを作る。

図表5　9マトリックス法を使った新規事業展開

例：リクルート「国内旅行領域事業」

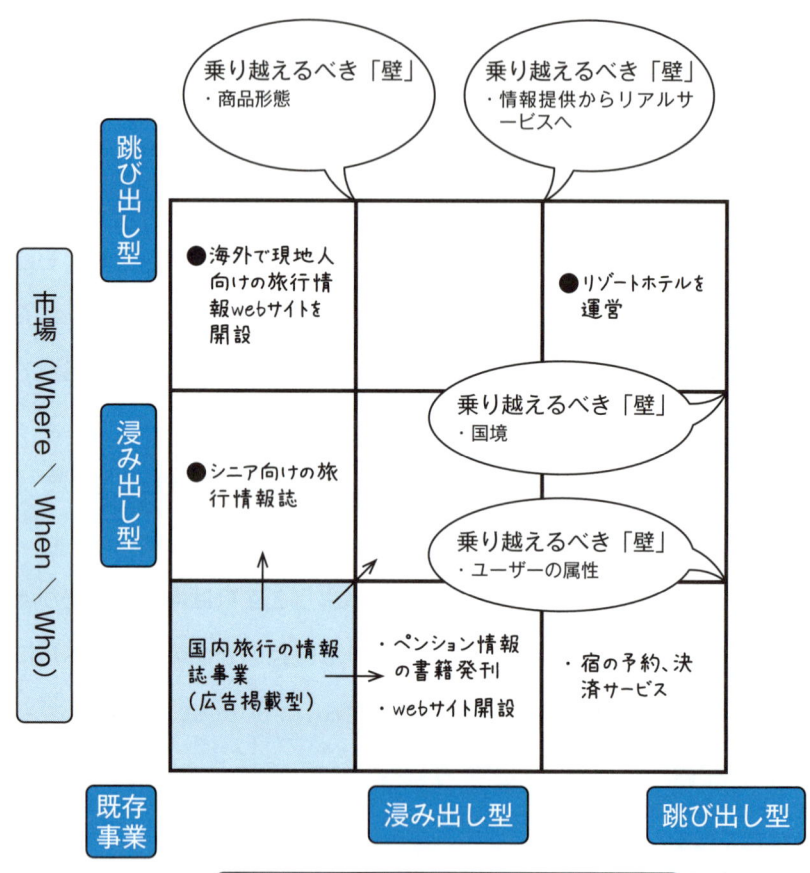

乗り越えるべき「壁」
・商品形態

乗り越えるべき「壁」
・情報提供からリアルサービスへ

乗り越えるべき「壁」
・国境

乗り越えるべき「壁」
・ユーザーの属性

市場（Where／When／Who）

跳び出し型

浸み出し型

既存事業

●海外で現地人向けの旅行情報webサイトを開設

●リゾートホテルを運営

●シニア向けの旅行情報誌

国内旅行の情報誌事業（広告掲載型）

・ペンション情報の書籍発刊
・webサイト開設

・宿の予約、決済サービス

浸み出し型　　　跳び出し型

製品（What／How／How Much）

●はリクルートが実際には行っていない事業

〈ブランクシート〉

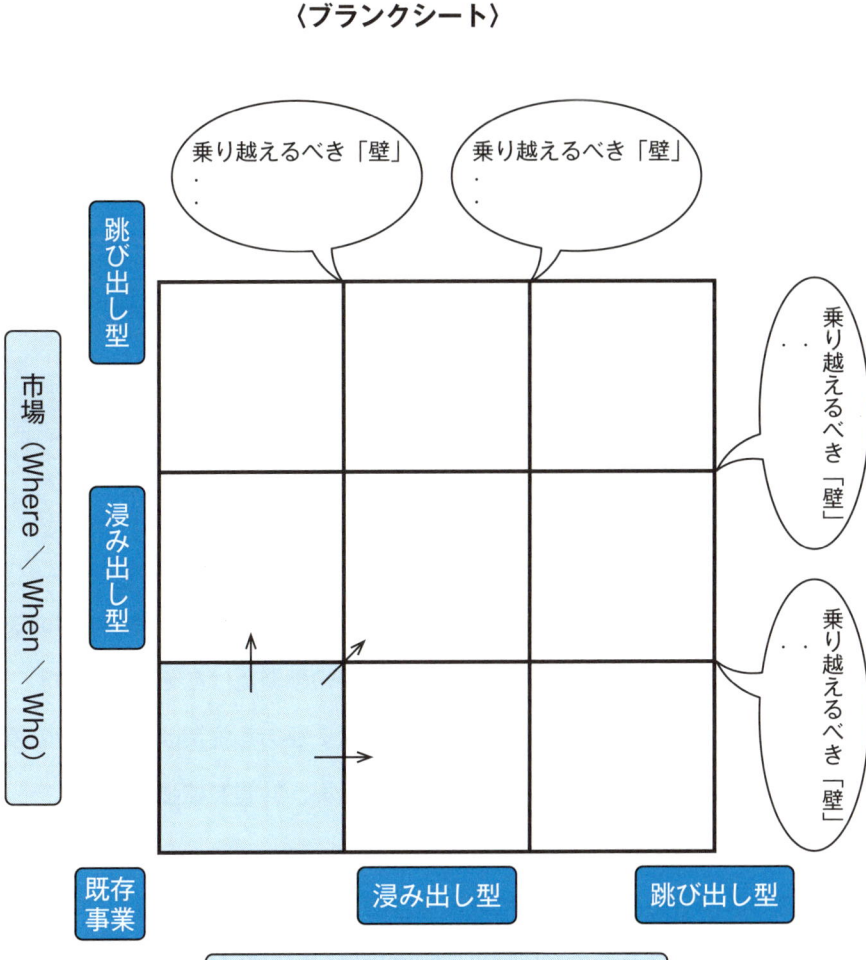

4 CFT 分析

自社の過去の歴史を振り返ることで強みと得意パターンを導き出す。

　創業からそれなりの年数を経ている企業であれば、新規事業の検討は決して初めてのことではないでしょう。創業時の事業だけをそのままの形で続けているという企業もあるでしょうが、歴史がある企業ほど創業時の事業を変革したり、派生して別の事業に取り組み、社業を拡張させてきた経緯があるはずです。

　ここでは自分の会社が過去にどんな経緯で事業を展開してきたか、その歴史を振り返ることで、逆に将来に向けた新しい展開を考える方法を紹介します。特に長い歴史を持つ企業、多角的な企業に有効な手法です。

手順

❶ 過去の自社の事業の変革や新規事業を洗い出す

歴史の古い会社であれば、「社史」のようなものを参考に、創業時の事業から始まって過去にどのように事業を変容させてきたか、拡張してきたか、新たな事業（製品開発やサービス拡充も含める）を興してきたかを洗い出します。

❷ 洗い出した事業を歴史順に並べる

❶で洗い出した事業を時系列にして順番に並べてみます。

❸ 各事業それぞれがどんな事業だったか CFT で整理する

❷で並べた各事業がどのような事業であったかを次の3つの観点で整理します。

・C=Customer（顧客は誰か）

・F=Function（機能、提供する価値は何か）

・T=Technology（実現するための技術は何か）

ここで言う「技術」とは、いわゆる製造系の技術だけでなく、販売方法やデザインなど、その会社が持っているノウハウや強みと考えてください。

❹ 時系列で追い、傾向を見る

　各事業の CFT を書き入れた後に歴史順で追って見ていくことで、自社が CFT のうちの何の要素を変えることで事業を変容・拡張・開発してきたかの傾向を見ます。

❺ 自社の得意パターンと将来へのポテンシャルを考える

　CFT のうち、どの要素を軸にしてきたかを知ることで自社の新規事業開発の得意パターンを知り、まだ十分に取り組んできていない要素から、将来に向けたポテンシャルを計ります。

【上手く使いこなすためのコツ】
- 大きな事業変革や新規事業でなくても構わないので、変化や拡張をしてきた経緯をできるだけ細かく挙げてみる
- それが何を変えてきたことだったのか、どんな新しいことへの拡張だったのか、その意味を CFT の観点から捉え直してみる
- CFT それぞれについて、変化の大きさで色分けをしておくと、どこでどんな大きな変容や拡張が為されてきたかがわかる

この手法の良さと活用法

　独立起業と社内起業の最も大きな違いは、過去の歴史の有無です。今回の新規事業の検討に至るまでに、過去にどのように会社の中で事業が変容し新たな事業が生まれ現在に至っているのかを知ることは、これからの新規事業を考えるためにとても意味があるはずです。

　仮にCFTのうち、ある軸だけはほとんど変えておらず、他の2軸だけを変えながら事業展開をしてきたとしたら、その会社のコア、強みがその軸にあることがわかります。今後もその軸を機軸にしながら新たな事業展開の可能性を考えていくことができるでしょう。

　一方で、近年新たな事業を生み出すことができていないとしたら、それはある特定の軸を機軸にした事業開発の得意パターンが難しくなってきているのかもしれません。

　その場合には、あえて得意パターンを捨て、今まで機軸にしてきたものも何らかに変えていくことを検討した方が良いかもしれません。

　ただ、その際には、得意にする機軸を変えるので、他の2軸もいっぺんに変えるのは得策だと言えません。何も強みがなくなってしまい、事業開発のリスクも大きくなります。

　その場合には、既存事業のうち次なる軸になるものをCFTの中から1

つ選び、それを軸にしてどんな事業展開がありえるかを考えていくのが良いでしょう。

　自社がこれまで何を軸に事業展開してきたのかを知り、これからどんな事業展開をしていける可能性があるのかと歴史的な観点から説くことは、社内説得上も大きな意味を持ちます。

　新規事業の起案を受け止め判断するのは経営陣です。経営陣は多くの場合、その会社のそれまでの成長を支えてきた人です。何が得意で何が苦手か（手をつけてこなかったか）を知っている人です。であれば、歴史に学び、そこから導き出した課題やポテンシャルからの説明は、とても納得性の高い起案となるでしょう。

　このCFT法は新規事業開発の検討フレームとして有効なだけでなく、社内説明用にも有効なフレームなので上手く使ってみてください。

　たとえば、リクルート社は創業以来長らく「情報誌」という紙メディアを事業の柱にしていました。

　創業時の新卒向け求人広告の情報誌は直接大学卒業予定者に送られましたが、読者を「不動産購入希望者」「旅行者」などに広げる過程で「市販で売る」という技術（T）を獲得しました。

　それでも核になる情報編集技術（T）は基本的には同じでしたが、メディアが紙からインターネットに変わる中で、広告によって告知をするだけ

から新たに予約申し込みの機能（F）に変わっていきました。

その後は売る企業と買うユーザーのマッチング機能（F）であることは変わっていません。

また、CFT表に整理をしていくと、これまで読者（C）は法人向けに展開してきていないことがわかります。

このように歴史を振り返って整理をすることで、自社が何を得意の機軸とし、何を変えず、何を拡げて事業を拡大してきたかがわかります。

創業以来ずっと同じ事業を続けているという企業でも、CとFとTの3つの要素に分けてみると、過去の歴史の中でどれかの要素を新たに取り込んで事業を拡大してきていることがわかります。

ポイント

> 歴史のある会社ほど、過去の事業拡張の展開実績から学べることは多い。

図表6　CFT分析

（例）法人向けのオフィス機器の販売

		事業	Customer（顧客は誰か）
時間の流れ	1960年 （創業）	オフィス用の収納棚	法人向けに
	1975年	収納棚の中に入れる収納用品	④
	1983年	オフィス家具	
	1993年	オフィス文具	個人向けに
	2001年	ギフト文具	
	2012年	職場の業務効率診断	法人向けに
	2020年?	職場の活性化コンサルティング	

元は、スチールの加工技術を生かしたオフィス用の収納家具を法人向けに販売する事業から始まる

① プラスチックの加工技術を持つようになり、収納用品に製品ラインナップを拡充

② 効率性だけでなく快適性を求める企業が増え、③デザイン性に優れたオフィス家具も作るようになる

④ バブル崩壊により法人需要が縮小。個人向け市場に事業を拡げる

Function（機能、提供する価値は何か）	Technology（技術は何か）
効率的なオフィス収納	スチール加工技術 ①
②	プラスチック加工技術
快適な執務環境 ③→	家具のデザイン
効率的なオフィス業務 ⑤	
お洒落	
コンサルティング ←⑥	職場での人の動きのセンシング ⑦
	職場内コミュニケーションの内容分析

⑤ 利便性だけでなくデザイン性も高め、ギフト市場も開拓すべく製品を拡充

⑥ 職場内の人の動きを検知する技術を開発し、製品だけでなくデータを元にしたコンサルティングを行う

⑦ 今後は職場内の会話の内容を分析する技術を開発し、コンサルティングのメニューを増やしていきたい

図表6　CFT分析

〈ブランクシート〉

		事業	Customer（顧客は誰か）
時間の流れ			

Function（機能、提供する価値は何か）	Technology（技術は何か）

5 | 機能展開法

既存事業をベースに、あえて発想を遠くへ飛ばしてみる。

　既存事業をベースに新規事業の展開を考えようとすると、どうしても現状の枠組みから離れることができず、今とあまり変わり映えしない案に収まってしまいがちです。

　かと言って、既存事業からあまりにかけ離れた領域やテーマを設定しようとすると、経営資源を活用しづらくなり、リスクも上がり、「そもそもなぜ、その領域・テーマで我が社が事業を行うのか」という納得性が低くなります。

　ここでは前述の９つのアンゾフ・マトリックスの中であえて外した「Why」の軸を用い、既存事業がそもそも備えている「機能」「価値」に

着目した展開により、「**既存事業とは一見遠いけれど実は近い**」領域を探す手法を紹介します。

手順

❶ 既存事業が顧客に対して提供している「機能」「価値」を言葉にする

なるべく簡潔な言葉で言い表してみます。最初はなるべく具体的な言葉で言い表すのが望ましいでしょう。

❷ 「それは何のために？」と問いかけてみる

既存事業が提供している「機能」「価値」を示す言葉に対して、「それは何のために？」と問いかけてみます。

その答えをさらに書き出します。なるべく簡潔な言葉であることが望ましいでしょう。

❸ さらに「それは何のために？」の問いかけを重ねる

問いかけて出てきた言葉にさらに再度「それは何のために？」と問いかけを重ねていき、言葉を出していきます。

重ねていくうちに段々言葉の抽象度が上がっていき、もうこれ以上抽象度を上げようがないというところまで展開してみて終了します。

❹ 展開してきた各レイヤーごとに事業案を考える

「それは何のために？」と問いかけることで段々と抽象度を上げて出した言葉のレイヤーごとに、「**その機能・価値を顧客に提供するためには他にどんな事業があり得るか**」を考えてみます。

❺ 有効そうなレイヤーの事業案を取り上げる

　既存事業との距離や実現性・拡張性などを勘案しながら、どのレイヤーの「機能・価値」を軸に検討を進めることが有効そうかを考えます。

【上手く使いこなすためのコツ】

• できるだけ根源的な機能・価値から思考をスタートする

• 当然過ぎて普段あえて言葉にしないこともあえて言葉にしてみる

• 「つまりこうなればうれしい」「要はこういうことを望んでいる」と言い換えてみると掘り下げやすい

• どんな機能を期待しているか、何に価値を感じているかは人によって違うので、色々な観点を試してみる

この手法の良さと活用法

　長い間その事業に当事者として携わっていると、つい目の前の視界が固定化してしまいがちで、一度視界が固定してしまうと異なる視界から見ることがなかなか難しくなるものです。

　レンガを積み続けている人々に対し、「あなたは何をしているのですか？」と尋ねたら、ある人は「見ての通りレンガを積んで壁を作っている」と答えました。別の人に尋ねたら「教会を作っている」と答えました。また別の人に尋ねたら「村の人が平和に過ごせるようにと思って頑張っています」と答えた、という話があります。

　このように、どの視界に立ってものを見ているかによって、それが何の仕事をしているのか、どういう事業をしているのかが変わってきます。**「自分たちはどんな事業によって、どんな機能を果たし価値を生んできたのか」**を再認識することができれば、自ずから「次にはどんな事業をすべきか」は見えてきます。

　ここで大事なことは、どのレイヤーに立ったとしても、それだけで事業の優劣や貴賎は決まらないということです。それぞれのレイヤーに事業案を探すことができます。

　「レンガを積んでいる」というレイヤーに着目すれば、土木的な事業とし

て教会建築以外のことに事業を広げていける可能性がありますし、「教会を作っている」というレイヤーに視点を移せば、壁以外の教会建築のパーツの製造という事業があるかもしれません。「村の平和」を目指すなら、教会建築以外に啓蒙誌の発行のようなこともできるかもしれません。

　ここで大事なことは、普段事業を捉えているのとはあえて異なる視点を持つことで、別の事業へ広がる視界を持つことです。

　抽象度を上げたレイヤーの方が見栄えよく映りがちですが、抽象度を上げるほど取り組む領域は曖昧になります。

　より根源的な提供機能・価値に立ち戻ったところに、既存事業のコアになっている技術がまったく別の領域で生きたりすることもあるものです。

　ぜひ今一度自分たちの事業が提供している機能や価値に着目し、「**そもそもどんな事業をしてきたのか**」という視点に立ち戻り、新たな視界を手に入れてください。

　たとえば、リクルート社の事業を「企業の広告を編集加工して読者に提供している」と捉えるか、「それは何のため？」と問いかけた結果「売りたい企業と買いたい読者の最適の出会いを生み出すため」と捉えるかで、事業として取り組むべきことは変わってきます。

　「最適な出会いを生み出すため」なら、掲載される情報の編集だけでなく、買う側に対して「どんな商品サービスが向いているか」と適性診断的な機

能を強化することが必要かもしれません。

　さらに「それは何のため？」と問い続けた結果、「ユーザーのよりよい暮らしのため」まで行きつけば、既存の商品サービスを広告の形で紹介するだけでなく、たとえば「ここで買ったものだけが対象になる特別の保障」を価値としてつけたり、既存の商品・サービスにユーザーが欲するようなものがなければ、自ら商品・サービスをオリジナルで開発して提供する新規事業もありえなくはありません。

　機能を高次元にしていけば良いというものではありませんが、「それは何のため？」と問い続けることで、今までの発想にはなかった枠組みから新たな事業展開の方向性が見つかったりするものです。

ポイント

自社の事業の本質的な価値を改めて掘り下げてみたところに新たな発見がある。

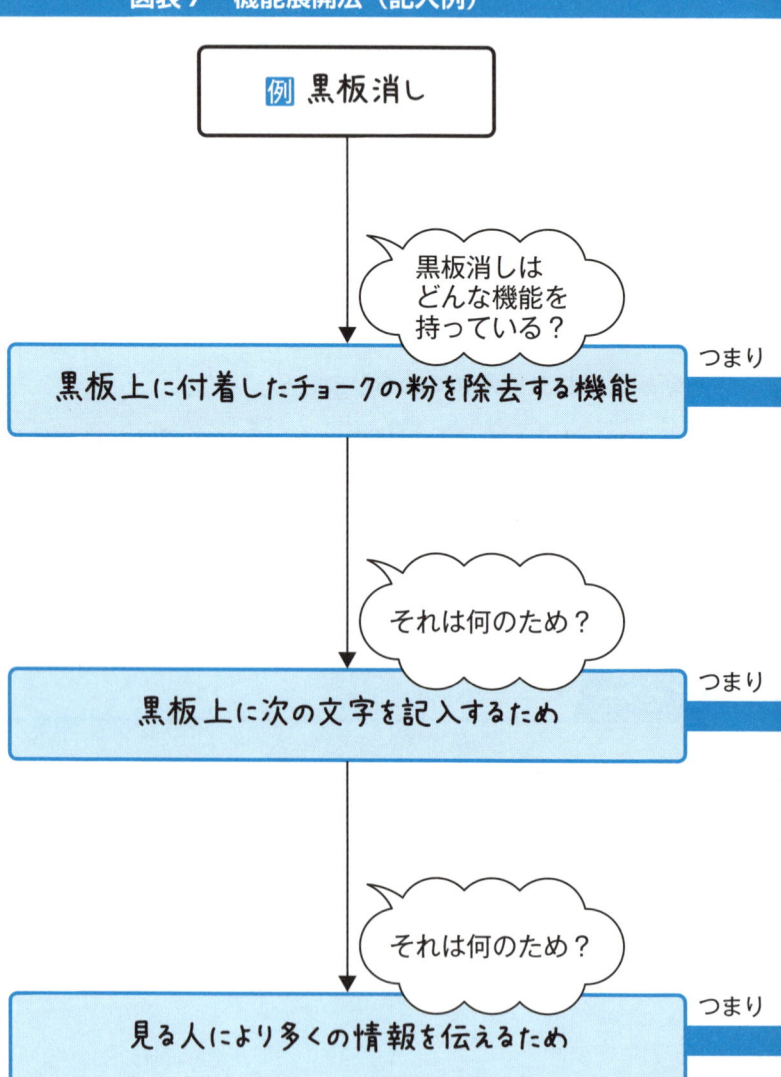

例 黒板消し

黒板消しは
どんな機能を
持っている？

黒板上に付着したチョークの粉を除去する機能　つまり

それは何のため？

黒板上に次の文字を記入するため　つまり

それは何のため？

見る人により多くの情報を伝えるため　つまり

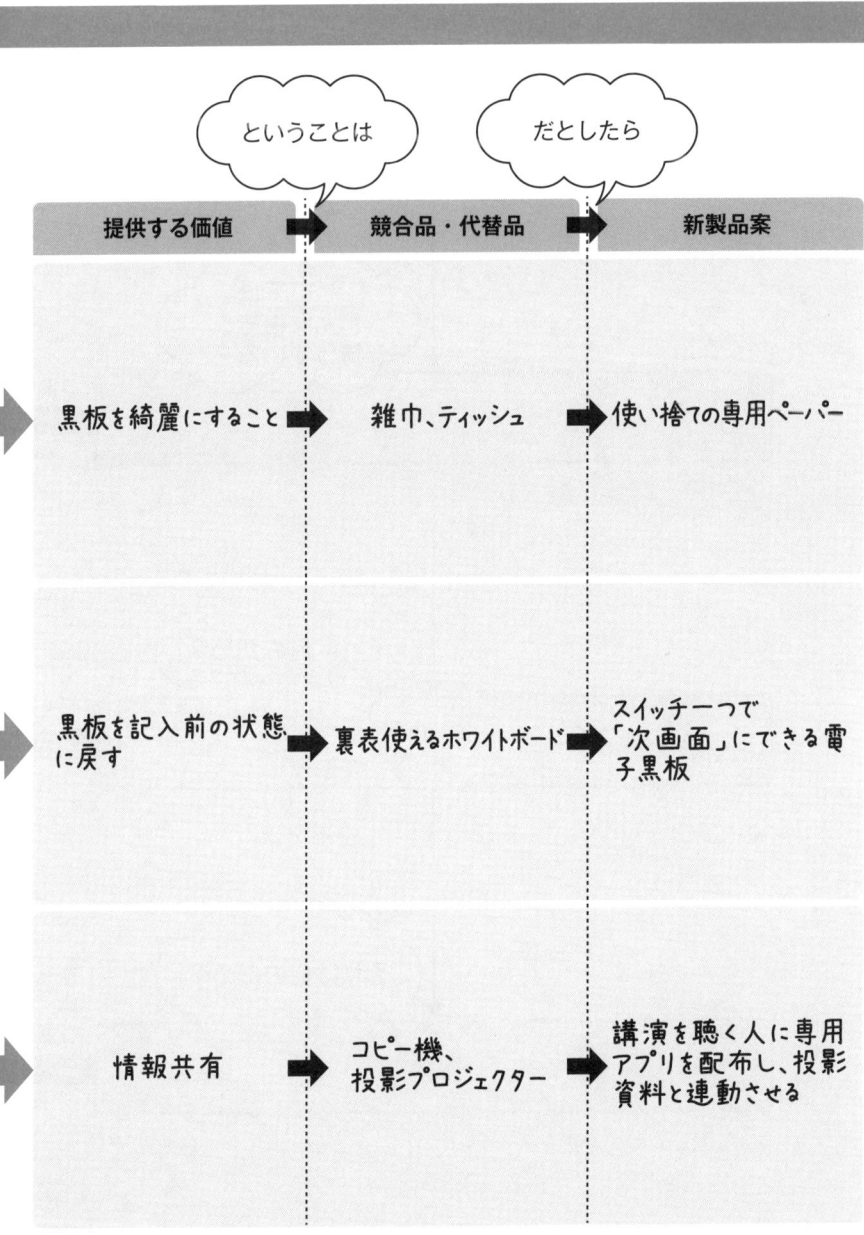

ということは　　　だとしたら

提供する価値	競合品・代替品	新製品案
黒板を綺麗にすること	雑巾、ティッシュ	使い捨ての専用ペーパー
黒板を記入前の状態に戻す	裏表使えるホワイトボード	スイッチ一つで「次画面」にできる電子黒板
情報共有	コピー機、投影プロジェクター	講演を聴く人に専用アプリを配布し、投影資料と連動させる

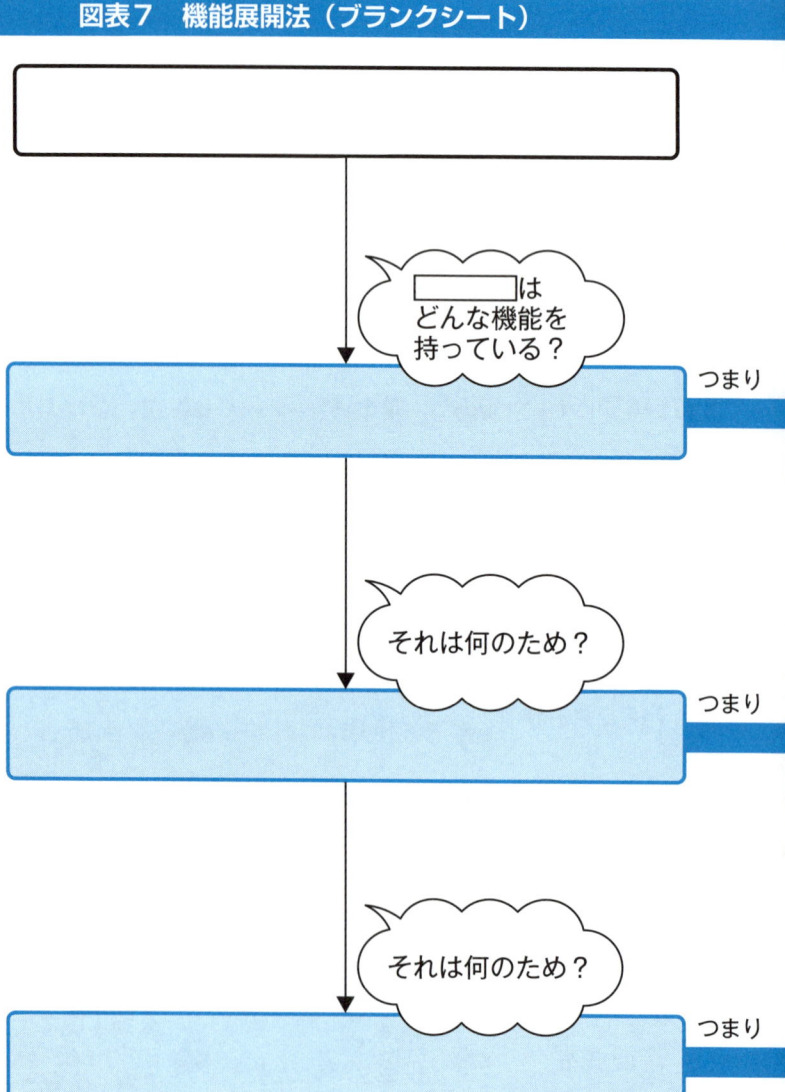

図表7　機能展開法（ブランクシート）

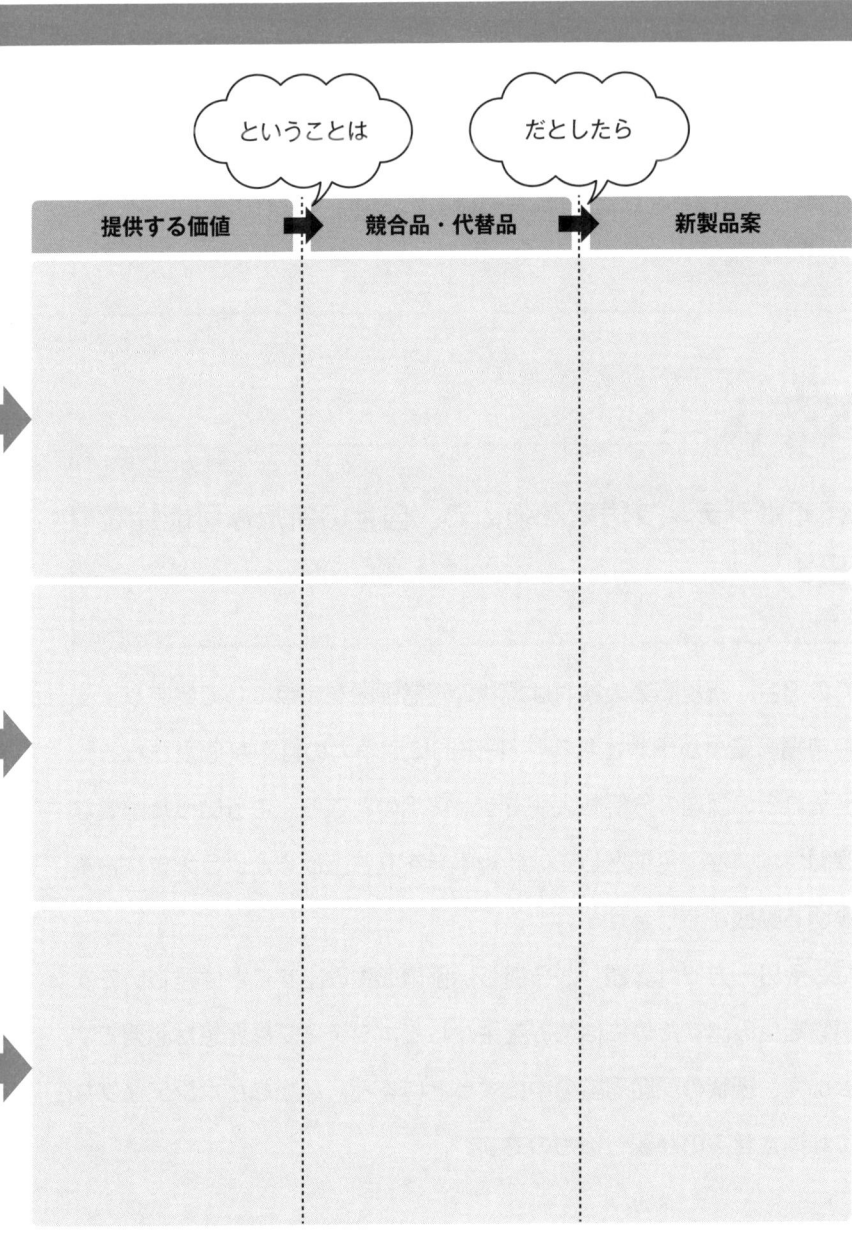

6 ｜ 広告表現法

得られる効果

あえてポジティブ思考を強めて、自社の新たな可能性を見出す。

　多くの場合、新規事業の検討は現状の経営課題を起点にして始まります。「既存市場の縮小が予測される」「将来的に競争力の低下が危惧される」等々。それらの課題の分析も大切です。実際のところ、こういった重要な経営課題がないと、企業としては新規事業を立ち上げるという大きな投資に踏み切る動機がありません。

　ただ、その一方で「課題」から新しい価値を生み出すことは難しいです。新しい物を生み出すためには強みを生かしたポジティブな発想が必要です。

　とはいえ、現状の課題認識の中にずっといると、なかなかポジティブな思考に転換させるのが難しいものです。

　ここでは、自社の強みを見直すために、あえてポジティブ思考を強める広告的な表現を使った思考法をご紹介します。

　誇大広告は広告の世界でも許されはしませんが、広告を打ってその良さを伝えようとすれば、その良さを探し、多少は拡大解釈もし、通常よりも少しでも良く見せられるよう努力します。

　ここでは、「人材採用」の広告を制作するつもりで考えてみましょう。

手順

❶ 自分の会社で誇れることを洗い出してみる

　経営分析的な「強み」や「競争力」という観点だけでなく、自分として誇らしいと思い自負していること、家族や親しい友人らにもし自慢するとしたらどんなことを語るだろうかと考えてみます（酔った勢いで大言壮語するときくらいのことでも構いません。まずは言葉を出してみます）。

　できるだけ簡潔な言葉で表せるのが望ましいでしょう。

❷ 人材の採用のために効きそうなキャッチコピーを考えてみる

　有望な人材を採用するのに、どのようなキャッチコピーで自分の会社を表現すれば魅力を感じてくれるかを考えて、人材募集用の採用広告のキャッチコピーを作ってみます。

事務的にありきたりな事実を言うだけでは魅力を感じてもらえないので、将来性や意外な広がり、独自性や強みを表わせる言葉を考えます。

❸ キャッチコピーに合わせた会社説明を考えてみる

キャッチコピーを補足し、何をもってそう言っているのか具体的な説明を行うことで、肉づけします。

まだ実現できていないことも含め、どんな会社を目指すかを表現します。

【上手く使いこなすためのコツ】

- 最初は誇大広告、オーバートーク気味でも構わない
- どうしても採用したい有望な人材を採用面接時に口説くとしたら、どうやって会社の将来性や魅力を語るだろうかと考えてみる
- 自社の社員が誇りにしていることを思い出してみる
- 社外からほめられるときのことを思い出してみる
- 現状で強みや競争力になっている事実の源泉がどこにあるかを改めて掘り下げて考えてみる
- 数字には表れない会社の持っている良さを思い出してみる
- 会社のビジョンや経営理念を改めて自分の言葉に置き直してみる

この手法の良さと活用法

　新規事業の検討は、意気揚々と将来に向けての夢を語って始まるというよりは、多くの場合、「このままではまずい」「なんとかしなければ」という状況からスタートします。

　とはいえ、ネガティブな視点からは将来に向けて広がりのあるワクワクした発想はなかなかしにくいものです。

　といって、急にポジティブ思考に転換するのもなかなか難しいものです。ここはあえてポジティブに思考せざるを得ない状況に自分を追い込みましょう。そのための手法が、この「広告表現法」です。

　どうしても採用したい有望な人材を口説くとき、自社の経営課題から話し始める人はいないはずです。「我が社はこんなに困った状態なので、あなたになんとかしてほしい」と言われて、「はい、入社して頑張ります」と答える人は少ないでしょう。

　やはり「我が社は将来こうなっていきたいんだ。一緒に取り組まないか」と言って口説いた方が魅力的に映るはずです。

　しかし、そのときに何の根拠もなく夢を語っているだけでは信憑性がありません。それができそうな、その道筋が相応しそうな何らかの論拠を示さなければいけません。

そのときに効くのは、「我が社は一見○○なことだけをやっている会社に見えるかもしれないが、実は本当の得意は××なところにあるんだ」とか、「外からは同業他社と変わらないように見えるかもしれないけど、○○の独自性が競争力なんだ」とか、「一見何の関係もない○○にも、我が社の強みは活かせると思っているんだ」といった言葉です。

　「広告」は、表面からだけではなかなか見えにくい深いところまで見せることができ「なるほど！」と思ってもらえたときや意外な一面を見せて「そうなの？」と驚かせることができたときに効果を発揮します。

　真面目に事務的にだけ考えるとなかなか言えないようなことも、自分がキャッチコピーを書いて口説くのだと思えば、普段自分の気持ちの中で壁にしていることから解き放たれるかもしれません。

　リクルート社はさすがに求人広告事業から始まっているだけに自社の事業を表すにも表現が上手です。

　多くの情報サービス事業に携わる社員の最も多い職種は広告掲載の発注をもらう営業職ですが、おそらく「広告の掲載依頼をしにクライアントを回っている」と捉えている営業マンはリクルート社にはいません。

　求人広告の事業に携わる者なら「日本の働く人の適材適所を実現する」くらいの高い志を持っています。

　不動産広告事業に携わる者なら「住む場所の自由を手に入れれば人生は

うんと豊かになる」とか、中古車広告事業に携わる者なら「悪徳業者を排除して誰もが安心して中古車を選べるように」とか。

　もちろん、これらは格好をつけるだけでは誇大広告になってしまうので、そこで言っていることが本当になるように、必要な機能を強化し、価値を高め、事業を拡げていかなければいけません。

　どういう表現で事業を表すかによって、新たな事業展開の方向性が見えてくるものです。

ポイント

ポジティブ思考からしか新規事業は生まれない。

図表8　広告表現法（記入例）

現在の事業	コアにある強み・特長

〈A社〉

接着剤の製造	→	接着をするための化学技術

〈B社〉

自動車部品のワイヤー製造	→	ワイヤーの製造技術

〈C社〉

住宅・ホテル・結婚式・飲食店などの情報を掲載した情報誌・wEBを運営	→	売り手に広告媒体を提供する
	→	売り手と買い手のマッチング

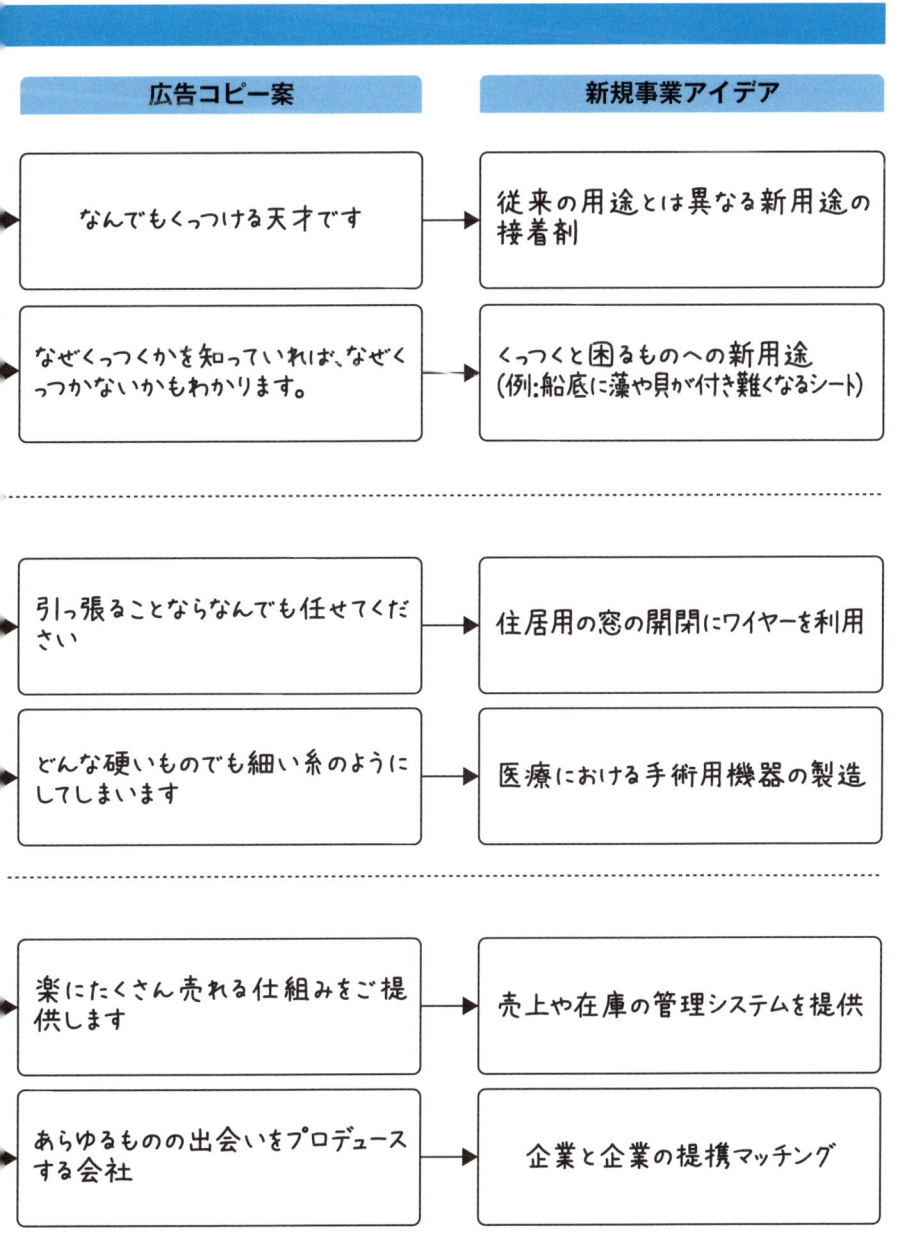

広告コピー案	新規事業アイデア
なんでもくっつける天才です	従来の用途とは異なる新用途の接着剤
なぜくっつくかを知っていれば、なぜくっつかないかもわかります。	くっつくと困るものへの新用途(例:船底に藻や貝が付き難くなるシート)
引っ張ることならなんでも任せてください	住居用の窓の開閉にワイヤーを利用
どんな硬いものでも細い糸のようにしてしまいます	医療における手術用機器の製造
楽にたくさん売れる仕組みをご提供します	売上や在庫の管理システムを提供
あらゆるものの出会いをプロデュースする会社	企業と企業の提携マッチング

図表8　広告表現法（ブランクシート）

現在の事業

コアにある強み・特長

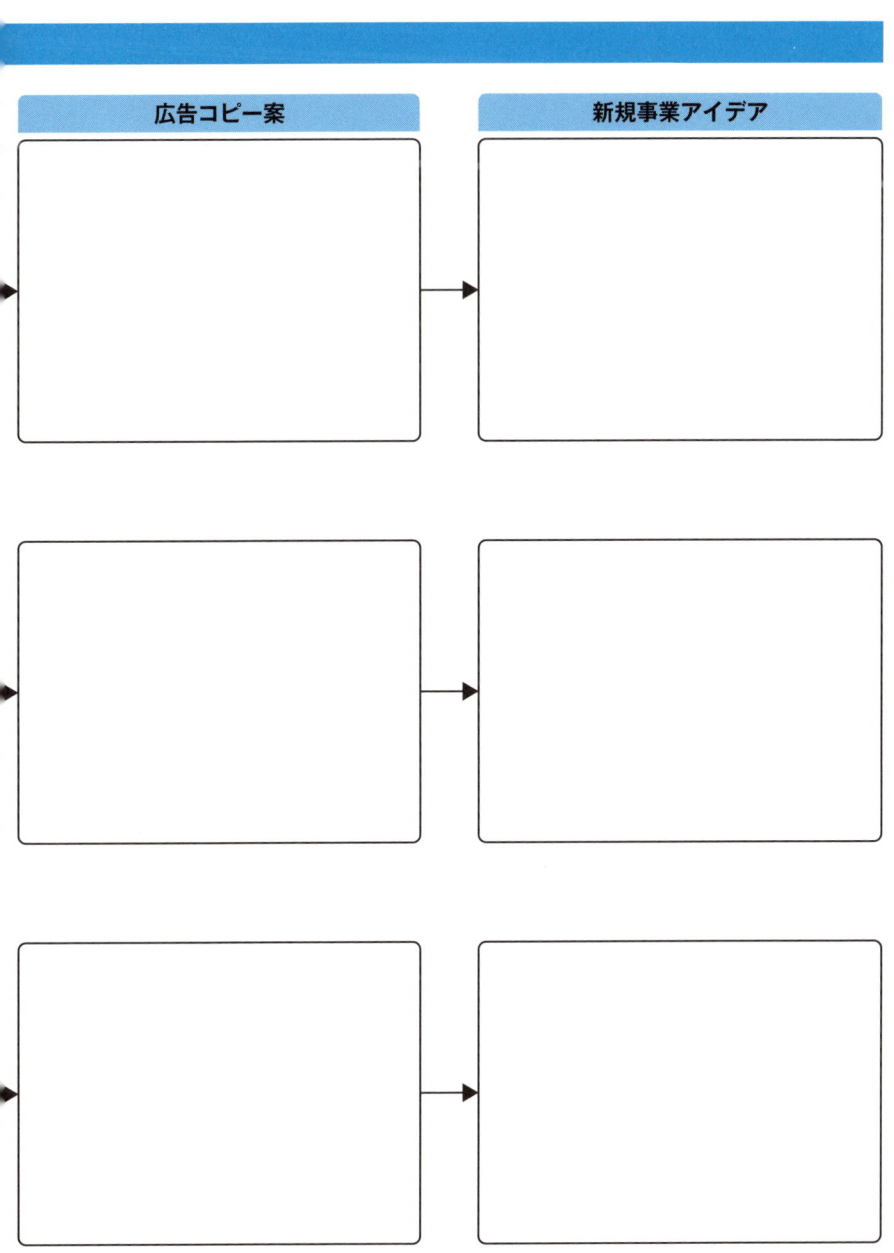

広告コピー案	新規事業アイデア

7 | カスタマー・ジャーニー・マップ法

得られる効果

商売の原点に立ち戻り、お客様目線で事業を捉え直してみる。

事業が事業として営まれている以上、誰かしらお客様が存在します。しかし、私が様々な業種の企業と接してきた経験から言うと、**多くの企業は驚くほどお客様のことを知りません。**

「そんな馬鹿な」と思われるかもしれませんが、だからこそいつの時代にも「顧客志向」の大切さが説かれるわけで、「そんなこと言われなくてもわかっているよ」とされ続いているのは、本当に顧客志向でいることは、よほど意識していないと持続するのが難しいからだ、とも言えます。

多くの企業人はお客様のために仕事をしています。そしてお客様について調べもし、関連する情報もたくさん持っています。

　それでもなお、「多くの企業はお客様のことを知らない」と私が強調するのは、一般に**企業はお客様と自社に接点があるところのみに目を向けている**からです。自社に見えているお客様のことは、お客様のある一面に過ぎません。

　ここでは、普段からおつきあいのあるお客様のことをより多面的に広い視野で知ることにより、既存事業とは別のところでビジネスチャンスを探していくための手法を紹介します。

┃ 手順 ┃

❶ 自社商品をお客様に買っていただいている前後のプロセスを洗い出す

　お客様が自社の商品やサービスを利用してくれている前後にどんなプロセスがあるかを洗い出してみます。

　中間材等を提供している会社もできるだけ最終消費者に近いところまでのプロセスをお客様の目線に立って洗い出してみます。

❷ 各プロセスごとにお客様の状況・行動・気持ちを書き出す

　それぞれのプロセスでお客様がどんな状況にあって、どんな行動をし、どんな気持ち（要望、お困りごと、悩み、希望など）でいるのかを書き出してみます。

❸ お客様の気持ちに対し応えられていることと、いないことを分ける

　お客様の気持ちのうち、現状自社で対応できていることと対応できていないことを分けて、対応できていないことを整理します。

❹ 今後、お客様に向けて拡充していくべきことを考える

　対応できていないことのうち、今後お客様の気持ちに応えていくべきことは何かを考えてみます。

【上手く使いこなすためのコツ】

• 売り手の目線ではなく、買い手の目線で考える

• 自社に直接関係のないプロセスのことにも目を向ける

• 特に法人が顧客である場合には、自社の製品サービスと関係のないところで取引先の担当者が他にしている業務にも目を向ける

• できるだけ細かく行動を書き出し、本音の気持ちを深く探る

この手法の良さと活用法

　通常ビジネスでは、お客様がどんな人で、どんな状況にあって、どんな要望を持っているかを把握し、どうすれば要望に応えて取引を増やすこと

ができるかを考えているものです。

しかし、今目の前で机越しに座って商談中のお客様がオフィスで自席に戻り次にどんな仕事をしているかは案外知りません。

また、店舗に来てくださったお客様に商品説明をする際には目の前のお客様にいろいろヒアリングをしますが、店に来る前の様子や製品を買って自宅に帰って使い始めて以降のことは、意外に想像していないものです。

それら今まで見えていなかったお客様の別の顔や想像が及ばなかったお客様の思いの深いところまで切り込んでいくのがこの手法です。

市場の成熟化が進むに従い、いかに顧客接点を作るかがマーケティングの最重要課題になってきます。市場でイニシアティブをとるのは顧客接点を持っている企業となり、顧客接点の強さは大きな経営資産になります。

この手法では、せっかく持っている自社のお客様との接点を核にして、その周辺へ事業を拡張させていく方向性を探ります。

今の事業ももちろんお客様の何らかの"不"（不満、不平、不足、不幸など）を解消するものだと思いますが、お客様はおそらく別の場面、別の相手に対してはまた別の"不"を抱えています。他にどんな"不"を抱えているかを探ることによって新たなビジネスチャンスを探ります。

既存事業だけをベースに考えていると、目の前にいるお客様の抱える"不"の中で細かいところへどんどん目がいきがちですが、ちょっと他に目線を移せば、お客様は普段自分からは明かしてくれない"不"を他にも

たくさん抱えているものです。

　"不"があれば、そこにビジネスチャンスは存在します。お客様のある部分だけを切り出してそこだけ見ていると"不"は小さくなっており、ビジネスチャンスはもうあまり残されていないかもしれませんが、同じお客様も別の側面を見れば別のビジネスチャンスが存在します。

　同じ顧客を対象にするのであれば、まったく新たにお客様を開拓するのに比べれば新規事業のハードルは下がります。

　顧客の抱える別の"不"を探す方法として取り組んでみてください。

　私がリクルート社から社内起業したAll About社では、リクルート社より圧倒的に少人数で幅広い情報領域をカバーする必要がありました。

　そのため、「旅行」「金融」「グルメ」「住宅」など、それぞれの領域に専任で担当社員をつけることができませんでした。

　それでも各社員には担当する領域のことをすべて勉強してもらわなければいけないので、このカスタマー・ジャーニー・マップ法を模した研修プログラムを用意していました。

　自分が担当することになった領域のお客様に自身がなりきって、どんな行動をし、どんな"不"を抱えるのかを確認していくのです。

　たとえば、自分でマンションを買ったことがない社員も、自分が本気でマンションを買うつもりになってチラシ広告を集めたりモデルルームを見

学に行ったりしてもらいました。

　そうすることで、お客様目線でどんな情報サービスを All About 社として提供すべきか、既存事業では応え切れていないお客様の"不"にはどんなものがあって、どこに新たなビジネスチャンスがありそうかを考えたのでした。

　普段はどうしても製品やサービスを提供する側に立って考えるので、時にお客様になりきって視点を変えてみることで、新たな発見ができたりするものです。

> **ポイント**
>
> 「自分はお客様のことを理解していない」という前提に立ち、自分がお客様自身になりきる努力をしてみる。

図表9　カスタマー・ジャーニー・マップ法

〈例：住宅メーカーが描く、戸建て注文住宅検討ユーザーのカスタマー・ジャーニー・マップ〉

	購入検討のきっかけ	下調べ	施工会社と接触
お客様の状況	うちもそろそろ将来の住まいのことを考えるかという漠然とした思いだけがある	何から手をつけて考え始めればよいかわからないが、とりあえず動き出してみないと…	より具体的に検討するために、とりあえずいくつか施工会社と会ってみようか
お客様の行動	まず何からどう手をつければ良いかと考えてみる	WEBや雑誌を見てみる 住宅メーカーのホームページを見てみる	モデルハウスに行ってみる WEBや雑誌から施工会社に資料を請求してみる
お客様の"不"の気持ち	買うか借りるかどうすればいい？ 戸建てかマンションか、新築か中古か、どうしたらいい？ 自分に買えるのか？	どれくらいお金がかかる？ どんな選択肢がある？ 自分の将来設計は？	どこに頼めばいいんだろう？ どうやって依頼先を決めるんだろう？
住宅メーカーとしての施策	テレビCMで欲求喚起	自社ホームページに基礎知識情報を掲載し検索流入を期待	モデルハウスの展示 住宅専門サイトへの広告掲載

関連情報の収集	相談	詳細検討
決めるにはわからないことが多いので、いろいろ調べてみる	なかなか決め辛いので迷う	どこにどう発注するかを決めなければ
WEBや雑誌を見てみる 書籍を読む セミナーに行く	購入経験者に話を聞く 親に相談する 専門家（FPなど）に相談する	依頼候補先の施工会社と折衝する
何を知っておく必要がある？ 会社による違いは何？	資金は大丈夫だろうか どんな家を建てたらいい？	この依頼先で大丈夫か？ この依頼内容で大丈夫か？ この価格は妥当か？
住宅建築のための参考情報を自社ホームページに掲載	営業マンの教育 土地の物件情報 各種専門アドバイザーの育成	建築イメージVR ローンシミュレーション

図表9　カスタマー・ジャーニー・マップ法

〈ブランクシート〉

	購入検討のきっかけ	下調べ	業者と接触
お客様の状況			
お客様の行動			
お客様の "不" の気持ち			
会社としての施策			

関連情報の収集	相談	詳細検討

8 | 会社と個人を繋ぐ 6つの輪

得られる効果

新規事業の起案者自身の"思い"と会社の"思い"を重ね合わせることで、「合理性の壁」を突破する。

　経営学のセオリーとしては市場分析や自社の経営資源の分析、それらの掛け合わせにより事業機会を探るのでしょうが、私は新規事業にはもう1つ大事な軸があると思っています。

　それは新規事業を立案し立ち上げていく起案者自身の目線です。起案者自身が「自分は何をしたいか」です。

　新規事業はある意味非合理的な経営判断の中からしか生まれません。理屈を積み重ね合理的な判断をしていけば、多くの場合、「新規事業への投資はリスクが大きい」「成果が読めない」「時期尚早でまだ判断すべきでない」「投資対効果が期待できる既存事業に投資したほうが良い」となり

ます。

　合理的な判断は企業経営において重要ですが、それだけでは新規事業を生み出すことはできず、企業はいつか衰退して存続し続けられないのです。

　合理性の壁を越えていくための一番の原動力は個人の思いです。「**理屈はそうかもしれないが、自分は何が何でもやりたいんだ**」という強い思いが合理的な判断の壁を越えさせます。

　しかし、組織である以上、個人的な思いだけに委ねることはできません。会社と個人の思いを上手く重ね合わせていかないと、会社は動きません。

　ここでは両者のベクトルを合わせていく思考のフレームを紹介します。

手順

❶ 自分にとっての「Want」「Can」「Need」の3つが何かを考える

　自分自身のキャリアを考えるには、「**Want（やりたいこと）**」「**Can（できること）**」「**Need（やる必要があること）**」という3つの輪の重なりを大きくすることを意識すると良い、と言われます。

　まずそれらを書き出してみます。自分の思いを込めやすいテーマ、自分の得意が活かせそうなことをまずは書き出してみましょう。

❷ 会社にとっての「Want」「Can」「Need」の３つが何かを考える

個人と同様、会社（法人）にも「**Want（経営ビジョン）**」「**Can（経営資源）**」「**Need（経営課題）**」があります。

それらを書き出してみましょう。

❸ それぞれの３つの輪、計６つの輪を重ね合わせてみる

重なりの大きいところが目をつけるべき検討領域になります。特に自分と会社の「Want」の重なりに注目します。

【上手く使いこなすためのコツ】

- 自身の「Want」を思い出すために入社動機を振り返ると良い
- 会社の「Want」は公的に共有されている経営ビジョンだけでなく、社長のスピーチ等も読み返してみると良い
- 会社が公的に発表している文言を自分なりに咀嚼して自分の言葉に置き換えてみると、自分の３つの輪と重ね合わせやすくなる

この手法の良さと活用法

普段仕事をしていると、「自分はどうしたいか」という視点で考える機

会は少ないかもしれません。

　特に社歴が長くなり役職がつき、組織的な責任を負うようになってくると、自分のことよりも組織の成果が優先されるので、個人の視点を入れることがなかなか難しくなってきます。

　しかし、起業には理屈で合理的に考えたことだけでなく、非合理的であっても強い起業者自身の思いが重要です。

　新規事業には投資が必要ですが、投資が回収できるかどうかは誰にもわかりません。会社にとって初めてのことに挑戦するのですから、事業化までに様々な壁があるでしょうし、失敗もすることでしょう。こうした課題に直面すると、合理的な判断だけでスタートをしていると、誰かが「もう止めた方がいいのではないか」と言い始めます。

　それは正しい判断かもしれませんが、こうした壁を乗り越えてしか新規事業は生まれません。

　そのためには誰か一人でも良いので強烈な当事者意識を持ち、「でも、やります」と言い続ける強い意志が必要になります。**起案者本人が「やりたい（Want）」もしくは「やらねば（Need）」と思っていない新規事業案が実現することはほぼありません。**

　ここでいう「Need」とは、「やった方がいい」程度の軽いものではなく、使命感にも近い強い気持ちです。

　起案者個人の思いが会社の思いと合致したときに最も大きな力が発揮さ

れます。それを重ね合わせることが新規事業担当者には必要です。

　売れない営業マンが「お客さんが馬鹿だから俺の提案の良さをわかって
くれない」と言ったら非難されるのと同じで、新規事業担当者が「会社の
経営者の理解がないから自分の起案が認められない」と言っているだけで
は成果は出ません。

　新規事業担当者は、自分の中に強い思いを秘めつつも、会社の考えてい
ることを把握し、それを自分なりに上手く咀嚼し、自分の考えと重ね合う
ように調整する能力が求められます。

　そんな思考のためのフレームとして使ってみてください。

　私がリクルート社内でゲーム情報誌事業（後の『じゅげむ』）の立ち上
げに携わったときは、自分の「Can」が起点になりました。

　具体的な事業の立ち上げを経験したくて自らプロジェクトへの参加に手
を挙げ、自分が前職で携わった市場調査のスキルが活かせるのではないか
と上司に売り込みました。

　その後 All About 社創業の際には、自分がやりたかった「Want」を強
く持って臨みました。

　リクルートの事業には広告主と読者の2つのお客様がいますが、広告主
の方からの売上が圧倒的に大きいので、自然と広告主の方を重視する事業
運営になりがちです。しかし、自分では「いつか読者側に軸足を置いた事

業を立ち上げたい」と思っていました。

インターネットが普及し、ユーザー側へのパワーシフトが起き始めた環境の中で、「リクルートグループとして購買の検討初期ユーザーとの接点強化をしておかないと将来的にまずい」と提言し、「インターネット上では読者側に軸足を置いたメディア設計をしないと上手くいかない」と考え、分野ごとに専門家をガイドとして配置する事業モデルを承認してもらいました。

「インターネットの普及」という大きな事業環境の変化がなければ、自分と会社の「Want」を重ねることは難しかったかもしれません。

また、輪を重ねるためには、タイミングも重要です。自分の思いは持ち続けながら、絶えずアンテナを張って会社の状況をにらみつつ、どういうタイミングであれば輪を重ねやすいかを計って起案するしたたかさも社内起業家には必要です。

ポイント

起案者の"思い"と会社の"思い"を合致させることで、新規事業推進の大きな力を得る。

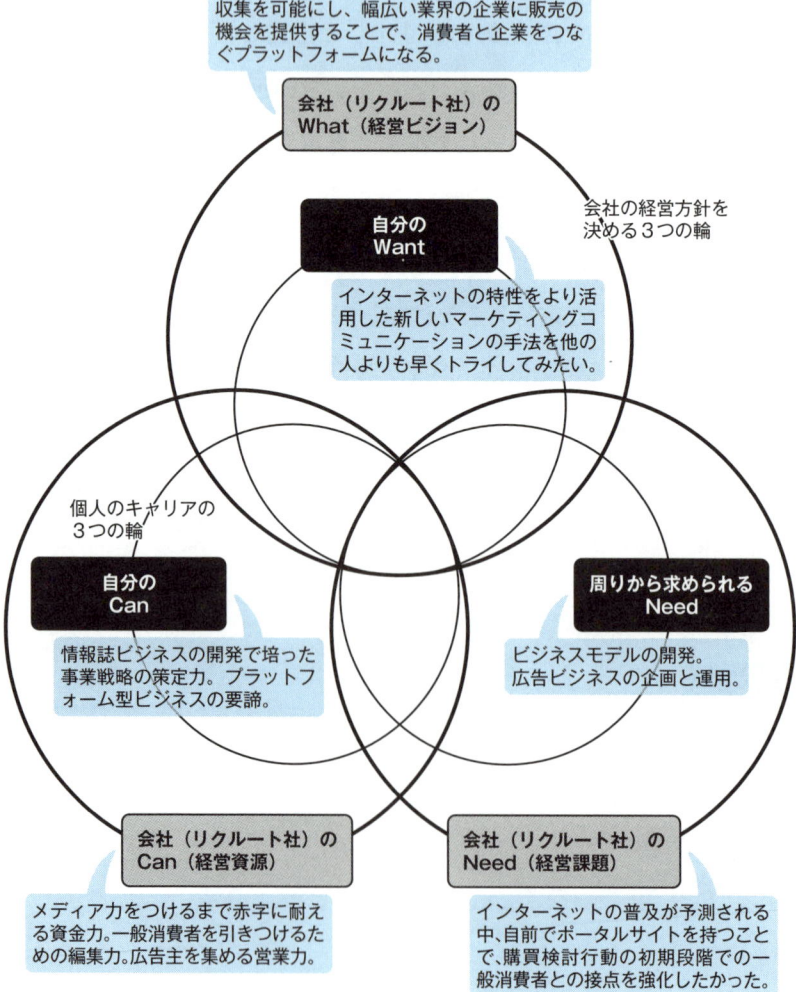

図表10 個人と会社の6つの輪

例：筆者がリクルート社から All About 社を起業したときの6つの輪

一般消費者には生活上のあらゆる場面で情報収集を可能にし、幅広い業界の企業に販売の機会を提供することで、消費者と企業をつなぐプラットフォームになる。

会社（リクルート社）の What（経営ビジョン）

会社の経営方針を決める3つの輪

自分の Want

インターネットの特性をより活用した新しいマーケティングコミュニケーションの手法を他の人よりも早くトライしてみたい。

個人のキャリアの3つの輪

自分の Can

情報誌ビジネスの開発で培った事業戦略の策定力。プラットフォーム型ビジネスの要諦。

周りから求められる Need

ビジネスモデルの開発。広告ビジネスの企画と運用。

会社（リクルート社）の Can（経営資源）

メディア力をつけるまで赤字に耐える資金力。一般消費者を引きつけるための編集力。広告主を集める営業力。

会社（リクルート社）の Need（経営課題）

インターネットの普及が予測される中、自前でポータルサイトを持つことで、購買検討行動の初期段階での一般消費者との接点を強化したかった。

Step 3

検討した領域・テーマにおける、
ビジネスチャンスを見つける

イントロダクション

このステップが本書で最も"キモ"になる部分です。

　どんな領域でどんなテーマ設定で新規事業の探索を始めるかが決まったら、そこにどんなビジネスチャンスがあるかを考えます。

　領域やテーマの検討を行うプロセスの中で、すでに何らかの具体的な事業プランのアイデアが出ていれば、そのままそのプランのアイデアをより具体的に詰めていきたくなると思いますが、その前に一呼吸おいてください。

　何を軸に具体的なプランを詰めていけば良いのか、その見極めを行うのがこのステップです。

「事業とは、"不"の解消」です。

　世の中にある不平・不満・不安・不足・不便・不都合・不幸・不快といった"不"のつくものを解消することで価値を生み、それを収益に繋げるのが事業です。

　ビジネスチャンスを探すことは、設定した領域・テーマにおいてどんな"不"があるのかを見極めることに他なりません。

　逆に言えば、"不"の見極めが曖昧では、事業プランもどこで価値を生む事業なのかが曖昧になってしまいます。この事業によって解消しようという"不"がどういうものなのか、しっかり見極めておかなければいけません。

その領域において、どんな"不"（＝ビジネスチャンス）があるのかを探し、その"不"はどういうものなのかを明らかにするための方法を紹介します。それが、

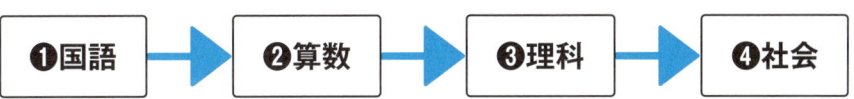

という、4段階の思考プロセスです。

経営学やMBAの授業でも様々な新規事業の検討方法が紹介されますが、実はビジネスチャンスの見極め方はとてもシンプルです。

この「国語・算数・理科・社会」のプロセスに沿って、"不"を掘り下げていくことによって、何にフォーカスして事業を具体的に考えていかなければいけないかが明確になります。

どうぞ小中学生の頃に習ったことを思い出しながら取り組んでみてください。

また、ここでは4つのプロセスの順番が極めて大切です。必ず「国語→算数→理科→社会」の順番で検討を進めるようにしてください。

1 | 1時限目：国語
〜 " 不 " の気持ちを洗い出す〜

　小中学校の国語のテストで配点の高い典型的な問題は「主人公はなぜ○○したのでしょう」とか、「作者は何が言いたかったのでしょう」といった文章中の登場人物や著者の心情を察する問いでした。

　これらの問いに対する直接の答えが文章中に書いてあることは少なく、行間から登場人物や著者の気持ちを推察して解答する必要がありました。

　つまり、「国語」という科目は、人の気持ちを察するトレーニングであったわけです。

　どんなビジネスも人を対象に行うものであり、お客様の気持ちをきちんと把握することはあらゆるビジネスの基本です。それは新たな事業アイデアを考えるときも同じです。

概論

　ステップ2で設定した領域・テーマにおいて、「誰が」「いつ」「どんな

場面で」「どんな"不"を抱えているのか」を明らかにします。

その領域・テーマに関わる登場人物にはどんな人がいて、それぞれがどんな「不平・不満・不安・不足・不便・不利・不都合・不幸・不快……」を抱えていそうか、各登場人物の心情を推察して洗い出します。

まずは優先順位をつけずに、できるだけ細かく登場人物ごとの"不"を探します。最終的にこの事業によって解消するべき"不"とは誰のどんな"不"なのかを決めるのは後のフェーズで行うこととし、ここではまずその領域・テーマにおける"不"を洗い出すことに集中します。

対象とする"不"を明確に定めないままに具体的な事業内容に入ってしまうと、何をすべきか焦点がぼやけてしまいます。この「国語」のプロセスは、この後の検討工程のすべての基礎になる部分ですから、丁寧に時間をかけて取り組みましょう。

次ページからこの"不"を洗い出すための3つの手法をご紹介します。

①マインドマップ的アプローチは、「ブレーンストーミング」で頭の中にあるアイデアをすべて出し切るように、頭に浮かんだ"不"をすべて洗いざらい出してみましょう。

②カスタマー・ジャーニー・マップ的アプローチは、徹底的に買い手・利用者目線に立って"不"の洗い出しをします。

③バリューチェーン的アプローチは、製品やサービスを提供する側にどんな"不"があるかを洗い出します。

手順

❶ 思いつくままランダムに書き出す

まずは思いつくままにランダムに"不"に感じていそうなことを書き出します。付箋などに1枚に1つずつ書いていきます。

ここではできるだけ数を多く出すことを意識して、細かいことも少し言い回しの違うことも付箋を別にして、できるだけ多く書き出します。

❷ 付箋を並べる

書き出した付箋を似たものは近くに、異なるものは距離を開けて張り出します。できるだけ大き目のシートを用意し、それぞれの付箋を少し離して貼るとよいでしょう。

❸ 貼った付箋を関係づける

貼った付箋を、類似したものは大きく丸で囲み、因果関係や順序の関係にあるものは「→」で結び、より詳細に具体的な記述等は「＝」で結んで

おきましょう。

❹ 新たに付箋を書き足す

　同じ丸のくくりの中で、他にも類似した "不" がないかを考えて書き足します。似ていても異なる言葉で表現できるものがあれば新たに書き足します。

　因果や順序の関係にあるものは、「なぜ？」と原因をさかのぼったり、「そうなると……」とその先に思いを馳せたりして、まだ書き出せていない "不" を書き出して互いに線で結びます。

❺ 全体を俯瞰し、抜けている視点を探す

　書き出して線で結んだ全体像を俯瞰し、抜けている視点のものがあれば新たに書き出します。

▌ この手法のポイントと注意点 ▌

「思いつくままにランダムに」と言っても、何もないところからアイデアを出していくのは案外難しいものです。「なんでもいいから自由に」と言われて、パパッと出てくるものでもありません。

　アイデアを出すコツは、まず出せる範囲でまずは脈絡なく出してみて、

出てきたものを括ってみて近いものが他にないかと考えることです。

　何か1つキッカケになる言葉が置かれただけで、「周辺にも何かないか？」と言葉を出しやすくなります。

　したがって、最初に出す言葉は「関係があるか？」「本当にそうか？」「正確な言葉か？」などと躊躇せず、まずは出してみることが大切です。

　そして、1つの視点に集中し過ぎると、ある種類の"不"に偏りがちになるので、時々顔をもたげ、全体を俯瞰して見直してみると良いでしょう。「そう言えば……」「ちょっと違うけど……」「私だけかもしれないけど……」といった枕詞で別視点の"不"が見つかると、それをキッカケに新たな"不"が連なって出てきたりします。

　まずは質や正確性を考えず、「とにかく数を多く出してみよう」と割り切って始めてみるのが良いでしょう。

　マインドマップとは、元々「頭の中にモヤモヤの状態であるものを一旦外に出して可視化してみましょう」という思考法です。

　"不"が目の前にある場合は言葉にしやすいですが、いつの間にか忘れていたり見落としていたり、気がつかないふりをして閉じ込めていたり、仕方がないとあきらめていたりするものです。そのような解消が置き去りになっている"不"が新規事業の大事なネタになります。それらを強制的に頭の中から出して可視化するのがこのマインドマップ的アプローチです。

　研修やワークショップで「ご自身の思いつく"不"を挙げてください」

と挙手を促すと、なかなか出てきません。大きくて堅い組織ほど、「間違えたことを言ってはいけない」「くだらないことを言ったら馬鹿にされる」という心理的な縛りがあるのかもしれません。

これらの気持ちのタガを外すために、私はあえて「では、付箋にお一人100個書き出してみましょう！」と投げかけてみます。すると、当然「100個？　それは無理」という反応が出るのですが、「では50個、50個に届かなくてもできるだけ数多く」と時間を区切ってみると、案外たくさんの "不" が出てくるものです。

グループワークでは、参加者が書き出した "不" の付箋を1枚1枚見せながら、似たものは近くに貼り、類似で別のものを思いつけばその場で書き足すというふうに数を増やしていきます。それを見て「いろいろビジネスチャンスがありそうだ」と参加者が思えれば、まずは成功です。

次のページでご紹介する「オフィスの中にある "不" を探す」は私が企業にお勤めの方を対象にしたワークショップなどで使う例題です。

オフィスワーカーなら誰でも何らかの "不" を抱えているものなので出しやすいのですが、人によって、職種や仕事内容によって、オフィス環境によって、出てくる "不" に違いがあるのが面白いです。

自分だけの目線でいると見落としがあるので、機会をつくることができるのであれば、誰かと一緒にやってみると良いでしょう。

そうすることで新たな発見があるものです。

マインドマップ的アプローチの例（オフィスの中にある"不"を探す）

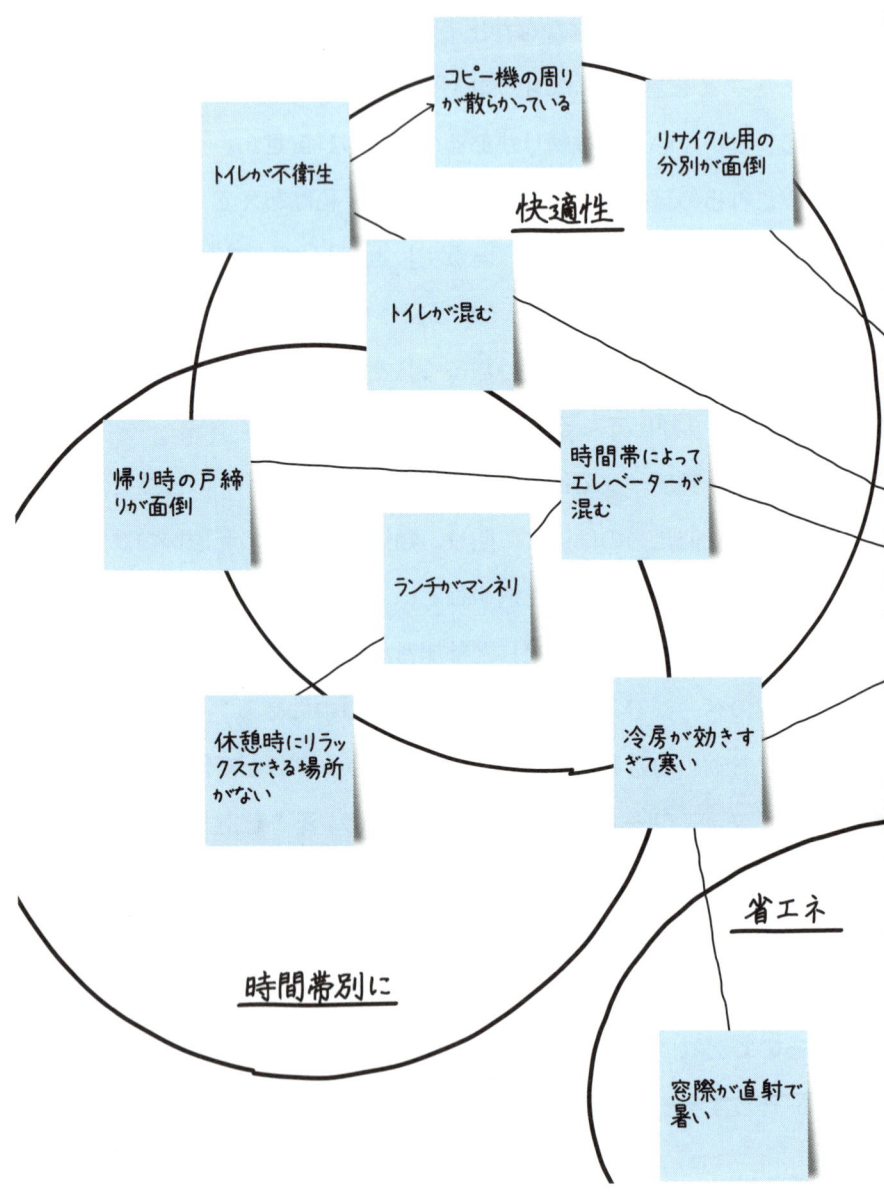

コピー機の周りが散らかっている

リサイクル用の分別が面倒

トイレが不衛生

快適性

トイレが混む

帰り時の戸締りが面倒

時間帯によってエレベーターが混む

ランチがマンネリ

休憩時にリラックスできる場所がない

冷房が効きすぎて寒い

省エネ

時間帯別に

窓際が直射で暑い

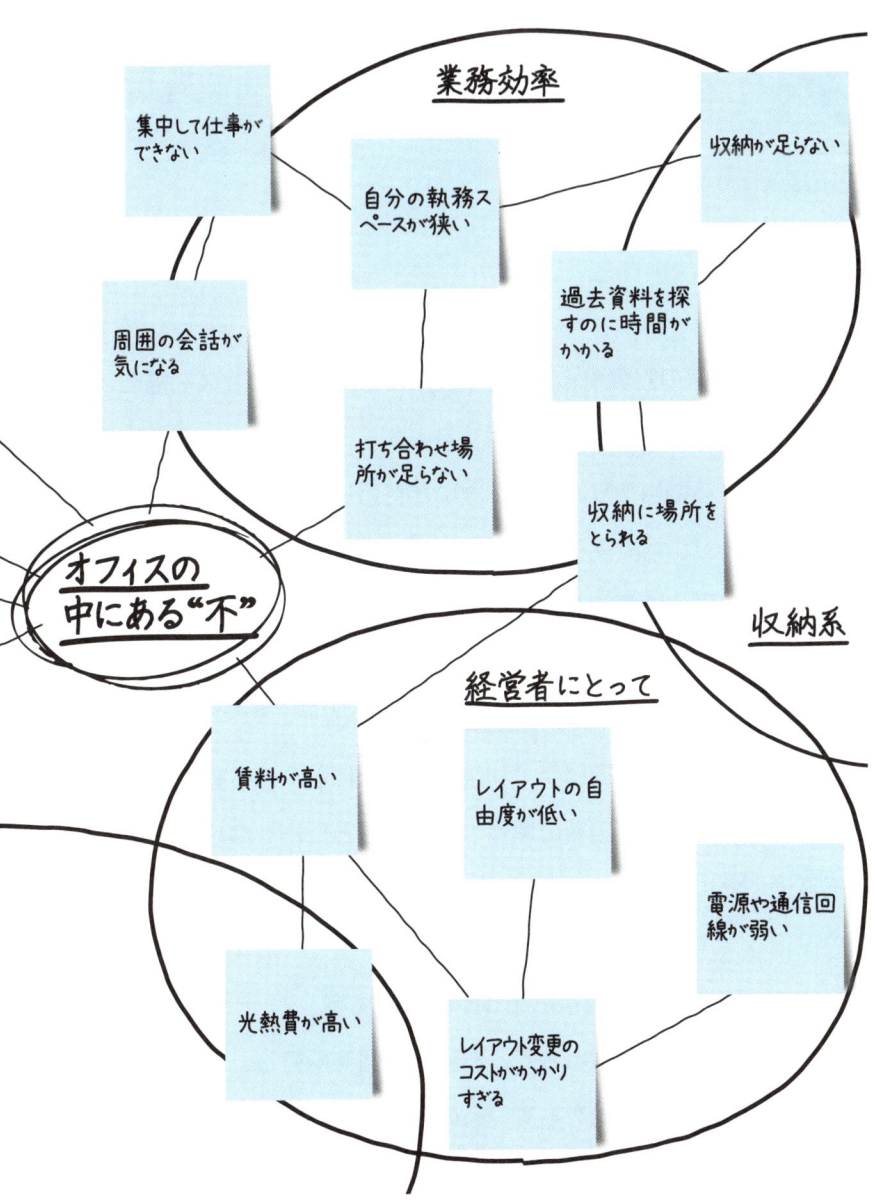

業務効率

集中して仕事ができない

自分の執務スペースが狭い

収納が足らない

周囲の会話が気になる

過去資料を探すのに時間がかかる

打ち合わせ場所が足らない

収納に場所をとられる

オフィスの中にある"不"

収納系

経営者にとって

賃料が高い

レイアウトの自由度が低い

電源や通信回線が弱い

光熱費が高い

レイアウト変更のコストがかかりすぎる

カスタマー・ジャーニー・マップ的
アプローチ

手順

❶ 買い手・利用者側の立場から購入・利用する前後のプロセスを描く

　モノを買うもしくはサービスを利用する人が、その製品もしくはサービスを購入・利用するに当たり、どんな思いが背景にあり、何がキッカケになって、どこで知り、何で調べ、何を検討し、どうやって入手し、利用するか、利用後の修理や廃棄等を含め全プロセスを記述します。

❷ 各プロセスごとの買い手・利用者行動を確認する

　①の各プロセスごとに、買い手・利用者が実際にどんな行動をしているかを考えます。買い手・利用者の属性やタイプごとに様々なパターンがあれば、お客様ごとにどんな行動をしているかを洗い出します。

❸ 各プロセスごとの行動の背景にある期待を考える

　②のそれぞれの行動の背景として、お客様が何を期待し、どうあれば嬉しいと思ってそのような行動をしているのか、その心情を推察します。

❹ 各プロセスで買い手・利用者が抱えているであろう " 不 " を挙げる

　③のそれぞれの心情において、お客様がどんな " 不 " を抱えているか考えます。

｜ この手法のポイントと注意点 ｜

「顧客目線で考えるのが大事」とよく言われますが、逆にこれだけよく言われるというのは、それが決して簡単ではなく、実行され切っていないことの表れだと言えます。

　自分に知見のない領域で検討するときは、お客様のヒアリング調査をすることもあるでしょうが、お客様のタイプは一様ではありません。できるだけ多くのお客様に接して、どんなタイプがいそうかを想像しなければいけません。

　また、自分がお客でもある領域である場合には、さらに注意が必要です。世の中のお客様がすべて自分と同じような行動をして " 不 " を感じているとは言えません。お客様のタイプが異なれば、同じ領域でもまったく異なる " 不 " を抱えているかもしれないのです。

　自分の知らないお客様、異なるタイプのお客様のことを想像しながら、「どう行動するか」「何を " 不 " に感じているか」を考えるのは簡単なことではありません。いろいろなタイプのお客様がいることを念頭に置いて、

作業を進めましょう。

全体を通じた"不"を上手く捉えるためのコツ

　ここではできるだけ細かく"不"を洗い出すことが重要ですが、得てして挙がってきた"不"を大括りに総括してまとめてしまいがちです。

　しかし、大括りにまとめられてしまった言葉では、実感できるリアリティが薄まってしまいますし、この後のプロセスで詳細に深く分析するときにも焦点がぼやけてしまいます。

　そうなると、結果として"不"の解消策も総論的なものに終始してしまい、芯を食った魅力的なプランになかなかなりません。

　ここでは綺麗なまとまった言葉にまとめようとせず、人や企業やシーンに分け、できるだけ細かく"不"を挙げるように努めましょう。また、自分が普段その業界で仕事をしていたり、当事者であると、自分だけの視点に偏りがちです。業界内でも別の立場から見たとき、自分と異なるタイプのお客様の目線に立って、多様な視点から"不"を探すことが必要です。

上手く"不"を捉えるためのコツ

　自分に土地勘のない領域やテーマで"不"の洗い出しをするときには業

界や領域の専門誌・専門紙・サイトを見ることをお勧めします。どんな登場人物がいるか、何が話題になっているか、どんなことが課題とされているかが見えてきます。

　関連メディアによって大きく領域やテーマの全体像が見えてきた後に関連情報をネットで検索すれば、さらに詳しく知ることができます。

　その領域・テーマに詳しくない第三者だからこそ見えてくる「これは何か変」「どうして？」が見逃してきた"不"の発見にも繋がります。

　"不"は1人ひとりの人間が抱えている気持ちです。分析は総論的に行わず、**誰かを特定できるくらいまで個人ベースの目線**に立った方が、よりリアルな"不"に辿り着けます。

　法人の場合も、お客様の企業担当者個人の目線にまで立つと、「どんな気持ちで業務をしているか」がわかり、よりリアルな"不"に辿り着けます。

　よりリアルな"不"を探すことができるよう、できるだけ**現場を実際に観察し、それぞれの登場人物に直に接して話を聞くこと**をお勧めします。

　"不"は理屈ではなく気持ちなので、机上ではなく実際に肌で感じることで情報量は格段に増えます。ここはぜひ、非効率を承知でできるだけ現場に足を運び話を聞き、様々な人が抱える"不"を共感をもって感じ取るようにしてください。

カスタマー・ジャーニー・マップ的アプローチ（例：中古車の購入）

		プロセス1	プロセス2
		どんなクルマを買うか考える	希望の条件の中古車を探す
ユーザータイプ1 初めてクルマを買う人	状況	クルマのことがわからない	どういう条件で探せばよいかわからない
	行動	知り合いに相談する、クルマの関連情報を探す	中古車店で相談する、ネットの関連サイトで探す
	気持ち	どんなクルマが良いだろう	自分に向いたクルマが欲しい
	"不"	わからないことだらけで不安	自分に何が向いているかわからず不安
ユーザータイプ2 クルマを何度か買い換えている人	状況	今はどんなクルマがあるだろう	良い条件で買い換えられたら買い換えたい
	行動	最近のクルマにはどんなものがあるかを調べる	希望の条件で中古車を探す
	気持ち	何か自分に合う車種はないか	条件の良い中古車があればうれしい
	"不"	現在保有するクルマがいくらで売れるかわからない	探すのが手間
ユーザータイプ3 クルマが趣味の人	状況	クルマのことをよく知っている	希望の条件が狭く該当する中古車がなかなか見つからない
	行動	いつもクルマのことを普段から調べている	条件に合う中古車が出たら連絡してもらえるように業者に依頼
	気持ち	いい条件のクルマがあればいつでも買いたい	希望の条件に合う中古車が見つかればいいなぁ
	"不"	レアな情報を漏らしていないか	なかなか見つからない

プロセス3	プロセス4	プロセス5	プロセス6
中古車物件を見る	購入条件を交渉する	所有車を売却する	手続きをする
実際のクルマの評価の仕方がわからない	どんな交渉ができるかわからない		手続きの仕方が分からない
中古車店の店員に相談する、知り合いに見てもらう	知り合いに相談する、ネットの関連サイトで相場を調べる		中古車店店員に任せる、知り合いに同行してもらう
良い中古車が欲しい	良い条件で購入したい		あとで面倒なことになりたくない
クルマに問題がないかわからず不安	良い条件で購入できるかどうか不安		この手続きで大丈夫か不安
良い条件で買い換えられたら買い換えたい	さまざまな選択肢の中で比較	現在の保有車を売却して新たに購入する	年度か経験があり慣れている
希望の条件で中古車を探す	他の中古車も探す、相場情報を調べる	売却の査定をしてもらい条件の良い業者を探す	中古車店の店員に確認しながら進める
条件の良い中古車があればうれしい	より良い条件の中古車はないか	できるだけ高く買い取ってもらいたい	過不足なく済ませたい
探すのが手間	もっと他にも選択肢があるのではないか	もっと高く買い取ってもらえるのではないか	手続きが面倒
希望の条件に合った中古車がやっと見つかった	そのクルマのことをよく知っている	現在の保有車を売却して新たに購入する	何度か経験があり慣れている
見に行く	自分の希望条件に合うか確認する	売却の査定をしてもらい条件の良い業者を探す	中古車店の店員に確認しながら進める
希望の条件に合う中古車ならうれしい	他にも良い条件の中古車が今後出るのではないか	できるだけ高く買い取ってもらいたい	自分のこだわりが守れるように
中古車の状態が良いか不安	これが最適な判断かわからない	もっと高く買い取ってもらえるのではないか	何かあったときの保障は大丈夫

カスタマー・ジャーニー・マップ的アプローチ（ブランクシート）

		プロセス1	プロセス2
ユーザータイプ1	状況		
	行動		
	気持ち		
	"不"		
ユーザータイプ2	状況		
	行動		
	気持ち		
	"不"		
ユーザータイプ3	状況		
	行動		
	気持ち		
	"不"		

プロセス3	プロセス4	プロセス5	プロセス6

バリューチェーン的アプローチ

手順

❶ 売り手・提供側の立場からお客様に届けるまでのプロセスを描く

　モノを提供するメーカー、サービスを提供する企業もしくは自治体等公共事業者の立場から購入者・利用者まで届けるまでのプロセス、届けた後に消費・利用された後のプロセスまでを順番に記述します。

　プロセスはなるべく細かく順を追って挙げた方が良いでしょう。

❷ 各プロセスごとの登場人物を挙げる

　各プロセスごとにどのような登場人物がいるかを挙げます。

　提供の主体者となる企業・団体・店舗だけでなく、原材料調達・製造・検査・物流・広告・販売・許認可・決済・補償・メンテナンスなど、関わるすべての登場人物をモレなく挙げます。

❸ 各登場人物の役割・行動・機能・関心を確認する

　それぞれの登場人物が各プロセスにおいて、どんな役割のもとで、何を

し、どんな機能を果たし、どうであることを良しとしているかを考えます。

❹ 各登場人物の"不"を挙げる

各登場人物が各プロセスでどんな"不"を抱えているか考えます。

┃ この手法のポイントと注意点 ┃

普段は意識することはありませんが、製品やサービスがお客様に届くまでには長いプロセスがあり、そこには様々な人が関与しているものです。「何か新しい事業を」と意気込むと、どうしても自社が従来から携わっているプロセス、しかも自分が社内で経験のあるプロセスにばかり目が行きがちになります。しかし、**自分の普段の視界にはないプロセスにも、実は様々な"不"が存在するかもしれません**。それらは見落としていたビジネスチャンスです。長くその業界で仕事をしていても、普段あまり接点のない取引先や社内の別部署の人というのはあるものです。

そういう会社や人と会って話をしてみると、彼らが普段どんな意識で何を大事に仕事をしているのか、どんな視点でお客様の"不"と向き合っているのかが見えてきて、案外新しい発見があるかもしれません。

ぜひ、業務範囲の視野を広げて、各プロセスにどんな"不"があるかを探してみてください。

バリューチェーン的アプローチ（例：国民健康保険）

		プロセス1	プロセス2
		診療	診療料金の計算

登場人物1 **受診者** **（国民健康保険加入者）**	役割	受診する	費用負担
	行動	保険番号を告げる	自己負担分を支払う
	気持ち	適正な診療だったか	支払額に間違いはないか
	"不"	適正な診療をしてもらえたか不安	割高な支払いになっていないか不信
登場人物2 **医療機関** **（病院・医者）**	役割	診療する	診療報酬の算定
	行動	保険加入を確認する	所定の点数表に基づき報酬を計算する
	関心	あとで診療報酬を保険加入者から受け取れるように	計算に間違いがないか
	"不"	毎度定期的に確認をしなければいけないのは面倒	計算基準の変更に合わせて計算するのは面倒
登場人物3 **関連事業者** **（国保連合会）**	役割		
	行動		
	気持ち		
	"不"		
登場人物4 **保険者** **（自治体）**	役割		
	行動		
	気持ち		
	"不"		

プロセス3	プロセス4	プロセス5	プロセス6
自治体負担分の請求	報酬金額チェック	自治体への請求	医療機関への支払い

			(間違いがあったときには過払い分の受取り)

自治体負担分を請求			(間違いの修正)
レセプトを関連事業者に送付			修正ができるだけ少ないように
効率よく診療報酬を得たい			修正作業が煩雑
申請に間違いがないか不安			作業が煩雑

診療内容の確認	報酬金額の確認	保険負担分の確認	支払
適正な診療内容であったかの確認	定められた点数表にあわせたチェック	保険負担分を自治体に請求	適正な報酬を支払う、間違いの修正依頼
過度な診療や不適切な処方がされていないか	定められた点数に応じた報酬金額に	計算に間違いがないように	正しい支払の完了
医療費を抑制したい	確認作業が大変	請求作業が大変	修正依頼があると煩雑

		保険分の診療費を負担	
		関連事業者に支払う	
		適正な診療が行われること	
		医療費を抑制したい	

バリューチェーン的アプローチ（ブランクシート）

			プロセス1	プロセス2
登場人物1		役割		
		行動		
		気持ち		
		"不"		
登場人物2		役割		
		行動		
		関心		
		"不"		
登場人物3		行動		
		気持ち		
		"不"		
登場人物4		役割		
		行動		
		気持ち		
		"不"		

検討した領域・テーマにおける、ビジネスチャンスを見つける

プロセス3	プロセス4	プロセス5	プロセス6

2 | 2時限目：算数
〜 " 不 " の大きさを立体的に量る〜

　1時限目の「国語」で、「誰が・いつ・どこで・どんな " 不 " を抱えているのか」を洗い出したら、その中で誰のどの " 不 " に着目してこの後、事業案を考えていくかの、見当をつけていくのが「算数」です。

　企業活動として行う以上、新規事業にはそれぞれ期待できる収益規模があります。この**収益規模は、解消する " 不 " の大きさに比例します。**

　もちろん期待できる収益規模だけで新規事業を決めるものではありませんが、事業として成功した場合にどれくらいの規模の収益を狙えるのかはあらかじめ認識をしておかなければいけません。

　" 不 " を横並びで比較したり、既存事業が対象にしている " 不 " の大きさと比較すれば、期待できるおおよその収益規模が見当つきます。それによって対象とする " 不 " を粗選びしておく必要があります。

　また、大きさを量ることを通して、その " 不 " が何を指しているのかを「国語」だけで考えていたときよりも正確に理解することができます。

　それによって、「この事業で解消しようとする " 不 " がどういうものか」

がさらに明確になります。

| 概論 |

　目をつけた " 不 " それぞれの大きさを量ります。

　" 不 " の大きさは " 不 " を抱えている人の数と深刻さと頻度の掛け算で量ることができます。

不の大きさ	=	不を抱いている人の数	×	不の深刻さ	×	不が生じる頻度

　「国語」で洗い出した " 不 " の大きさを知ることで、事業として解消に取り組む " 不 " を何にするかを見定めます。

| 手順 |

❶ " 不 " を抱えている人の数を推計する

　「国語」では「誰が " 不 " を抱えているか」について、個人を特定するくらいまで細かく見ました。ここでは「**同じ " 不 " を持った人がどれくらいいそうか**」を考えます。

ある特定の人が確実に"不"を抱えていたとしても、同じように感じている人が少なければ、「事業」にはなりません。

　似た属性の人、近い状況の人、その解消を目的とした各種製品やサービスの売れゆき・利用状況などから、同じく"不"を感じている人がどれくらいいそうかを推計します。

❷"不"の深刻さを推計する

　次に、それぞれの人の"不"がどれくらい深刻なものなのか軽いものなのかを推計します。

　もちろん、"不"の感じ方は人それぞれで、なかなか数値化しづらいものですが、相対的にでもその深さを推計します。

　その深刻さの度合いは、その"不"をどのような方法で解消・軽減しようとしているか、解消のためにどんな努力・投資・手間を講じているかによって量ることができます。

　また、それでも解消されていない場合には、それがあきらめられるようなものなのか、でもやはりさらに努力・投資・手間を講じてでも解消したい"不"なのかを推察し、"不"の深刻度を推計します。

❸"不"が生じる頻度を推計する

　"不"を感じる頻度が高ければ高いほど"不"の総量は大きくなります。

一生に一度あるかどうかという頻度の"不"もあれば、年に数度、毎週、1日の中で何度もという"不"もあります。

一般には頻度が高いものは深刻さも小さくなり、頻度が低いものは深刻さが大きくなりがちですので、頻度が低かったからといって"不"の総量が小さいと思ってはいけません。また逆に、深刻なものではなく軽い"不"であったとしても、頻度が高ければ"不"の総量は大きいかもしれません。

❹ 「人の数」×「深刻さ」×「頻度」の掛け算で不の大きさを推計する

"不"の大きさは前述の手順①〜③の3つの軸の掛け算で量ることができます。3つの掛け算による体積の大きさが"不"の大きさです。

ただし、ここでは3つの軸の推計をそれぞれ正確に数値化し、掛け算によって正確に総量を数値化するまでは必要ありません。

それぞれの"不"が3つの軸のどこに特徴を持った"不"であるのか、総量として大きそうかどうかを感覚的に捉えられれば十分です。

「国語」で洗い出した"不"のうち、どの"不"が大きそうかを見定めましょう。

また、既存事業が解消している"不"と比べることで、新規事業が将来的にどれくらいの事業規模を見込めるものなのかを見定めましょう。

リクルート中核事業を「算数」で捉えてみる

　具体的な例で説明してみましょう。

　リクルートグループにおける不動産関連事業（「SUUMO」）と旅行関連事業（「じゃらん」）と飲食・美容関連事業（「ホットペッパー」）はいずれもグループの中核事業として、それぞれ大きな市場を対象にしていますが、市場規模の構造はまったく異なります。

　最も古い「SUUMO」が対象とする市場の"不"は、不動産購入検討者の絶対数は限られ、購入検討の頻度も生涯に多くて1〜3回と少ないものの、購入に失敗したときの痛手は大きいです。

　失敗の痛手（不）を負いたくないから、検討者はじっくり時間をかけて真剣に購入を検討します。

　これを前述の「数×深刻さ×頻度」の掛け算で体積にした図にすると、かなり細長い形になります。

　一方、対照的なのは「ホットペッパー」です。

　飲食店や美容室を利用する人は不動産購入を検討する人よりも明らかに多いですし、頻度も毎月のように機会があります。しかし、店選びに失敗したとしても不動産の購入で失敗するよりは痛手が小さいです。"不"を抱える人は多いし頻繁だけど、一度当たりの深刻さはそれほどではない市

リクルートの事業領域ごとの"不"の大きさを立体的に量ってみると……

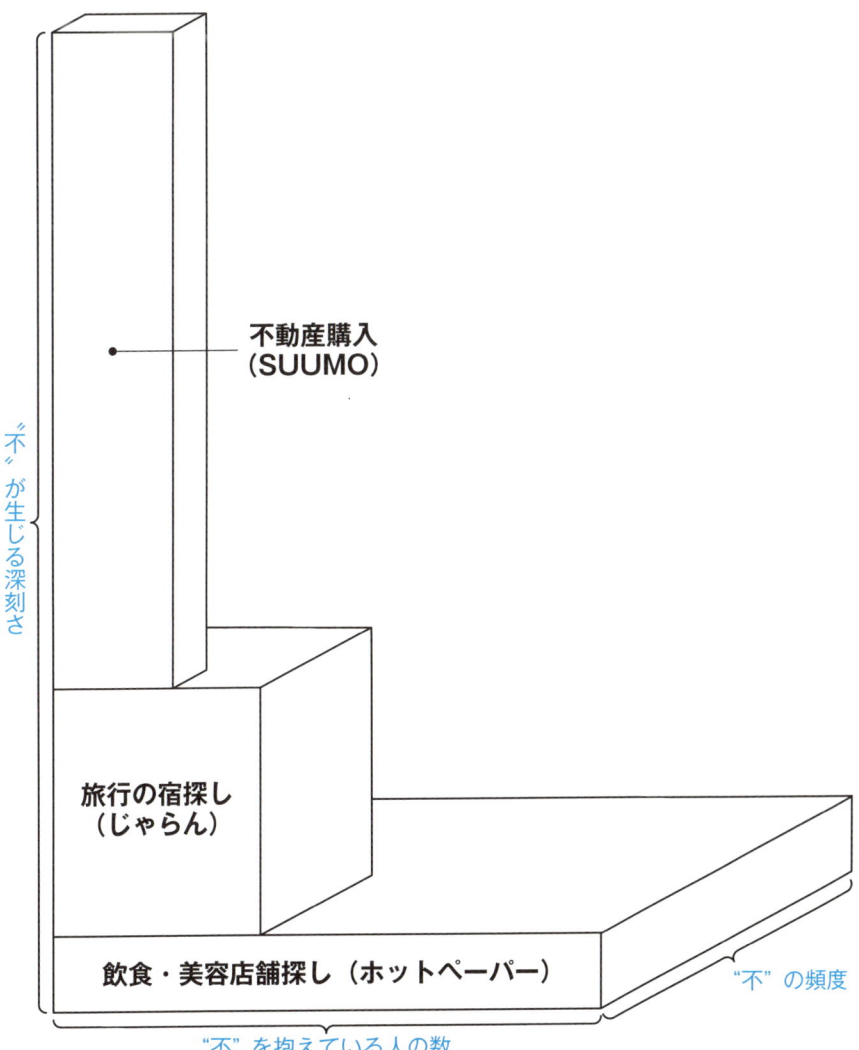

場と言えます。

　これを同じく体積で示してみると、かなり平べったい形になります。

　その中間が「じゃらん」が扱う国内旅行の情報でしょう。

　旅行に行く人は不動産購入者よりは多いですが、飲食店を探す人よりは少ないでしょう。頻度も同様です。宿選びに失敗したときの痛手は飲食店選びで失敗したときよりは大きいものの、不動産選びよりは小さいので、中くらいだと言えます。これを図にすれば「SUUMO」と「ホットペッパー」の中間くらいの形になります。

　3つの領域の市場規模をマクロ的な統計で比較することも可能ですが、"不"という観点から、「数×深刻さ×頻度」の掛け算で大きさだけでなく形の違いで捉えることができると、その市場の特徴が見えてきます。

┃ 失敗しがちな注意点 ┃

　まず守っていただきたいのは、**「国語」が先で「算数」が後**、という順番です。最初にミクロに特定個人の顔が見えるくらいまで「誰が」と「国語」で深掘りした後で、「そんな人はどれくらいいるか」という考察を進めます。この順番を必ず守るようにしてください。

　多くの新規事業の開発は「○○市場は○兆円」とか、「○○人口は○千万人」といったマクロな市場規模を推計するところから検討が始まります。

これらはすべて「算数」の話です。

ステップ2で対象とする領域に当たりをつけるにあたってマクロな数字が「この辺りに新事業の可能性があるかもしれない」と参考になることはありますが、そこから始めてしまうと、その中のどこにビジネスチャンスがあるのかがわからず、事業のフォーカスを絞ることができません。

実際、マクロ的な市場データを収集することばかりに時間を割いたり気を取られてしまい、市場分析をするばかりで具体的な事業案の検討に進めなくなってしまうプロジェクトが数多くあります。

肝心なのは具体的な事業案です。マクロな数字から事業案は生まれません。あくまで、「国語」が先、「算数」が後、です。

もう1つの注意点は、この段階ではあまり細かいデータにとらわれ過ぎないことです。

もちろん、数値化できるものは数値化して明示できた方が、誰の目にも明らかですし、より正確な検討ができます。しかし、この段階で「数」「頻度」「深刻さ」を正確に数値化するのは困難ですし、正確な数値化をしようとすると膨大なコスト(手間や時間)がかかります。

数値化はできる範囲に留め、既存の他のものと比べたおおよそがわかれば十分と思っておきましょう。

情報収集や数値化は、それが得意な人にとってはいくらでも時間を費やすことができる業務なので、ついそこにとらわれてしまいがちですが、そ

こは加減を見て取り組みましょう。

　もっと後の検討工程で、新規事業の事業計画を考える際には、売上計画を立てる必要があります。その際には今の段階よりも正確な数値化が求められますが、この段階ではまだ「この"不"は新事業として解消に取り組むに足る大きさがあるか？」の検討がつけば十分です。

　あまり細かいことに気を取られ過ぎないようにしましょう。

┃ "不"の大きさを捉えるためのコツ ┃

　正確に大きさを量ることよりもむしろ大切なことは、大きさの推計をすることを通じ、何をもってその大きさを量るかを十分に考えることで、その"不"の本質を知ることです。

　どんな人が同様の"不"を感じていそうか、何をもって「同じ"不"を感じている人」と見なすのか、既存のどんな製品・サービスに関する数字をもって類似・代替と考えるのか、どんな場面を想定して頻度を推計するのか、想像力をフルに発揮して、"不"に対する考えを深めましょう。

　手近にある**それらしき数字を引用して説明できたかのように誤魔化してしまうことに意味はありません**。何をもって大きさを推計するのかを考えることこそが、このプロセスの本質です。

　"不"という視点で何かの統計で数値として示されていることは考えら

れません。正しい答えがあるわけではありませんが、何をもって推計をするかを突き詰めて深く考えることで、「解消しようとする"不"は何か」がより明確になってきます。

「国語」では個人の顔が見えるくらいまで特定して気持ちを推察することが大切だと言いました。そして大括りにせず細分化しておくことが大事と言いました。

「算数」で大きさを量るにあたっては、「国語」で"不"が具体的に明確になっていないといけません。もし量るのが難しいようであれば、もう一度「国語」に戻って、どんな"不"なのかを明らかにしてみましょう。

「算数」では、「国語」のミクロな視点をマクロに変えて、世の中全体を俯瞰してみる必要があります。

個人の感情を深掘りしていくと、つい視野狭窄になりがちで全体が見えなくなってしまいます。一旦目線を上げて、「世の中全体で見たらどうだろう」と冷静に見直してみるのがこのプロセスです。

「国語」のプロセスでは、"不"を抱えている人に感情移入するくらいに入れ込むことをお勧めしますが、「算数」のプロセスでは感情を排してフラットに見ることが必要です。

「国語」と「算数」という異なるアプローチを何度か繰り返すことによって、「何が事業の対象とする"不"なのか」が明確になっていきます。

3 | 3時限目：理科
～ “不” が生じている理由を探す～

「国語」で誰かが抱える “不” を見つけ、「算数」でその大きさが確認できたら、そこに何らかのビジネスチャンスがあることがわかります。

その “不” を解消できれば、それは「事業」になります。

ただ、具体的な事業プランを考えるに当たっては、その前にあともう2ステップしておくべきことがあります。

1つ目は「**“不” が生じている理由を明らかにすること＝理科**」です。“不” が生じている理由がわからずして解消策（＝事業の具体的アイデア）を考えることはできません。「理科」での分析がこの後に具体的に事業で何に取り組むのかを決めるときの材料になります。

この分析の深さが事業のコンセプトの軸の強さを決めますし、ユニークな視点を持ち込むことで差別化にも繋げることができます。

一見すれば当然と思えることも、今一度「なぜ？」「つまり？」「そもそも？」と問い返すことで、この事業で解消すべき “不” が生じている根本原因を探ってみてください。

| 概論 |

「国語」と「算数」の視点で目をつけた"不"について、なぜその"不"が生じているのか理由を考えます。

「国語」で洗い出した"不"の中に異なる種類の"不"が複数混じっていることがあります。"不"が異なれば、それが生じている理由も違うので、複合体の"不"は分解し、細分化した"不"それぞれについて生じている理由を考えます。

結果としてその人の気持ちの中に"不"が生じるには、大きく次の3つのプロセスがあります。

第1段階 "不"を生み出す外因的な何らかの事実があり、

第2段階 "不"を感じる人の内因的な何かの事情と相まって、

第3段階 その人の心情に作用して結果的に"不"の気持ちが生じる

外因的な事実は誰にとっても同じでも、その事実に影響される個人的な事情や心情は人によって異なるため、同じ状況にあっても"不"を感じる人と感じない人がいます。

そのため、"不"の気持ちが結果として生じている理由は、次の3つの

プロセスに分けてそれぞれ検証をしていく必要があります。

▎手順▎

❶ 種類の異なる"不"を分解する

「国語」「算数」を通して見つけ出した"不"の中に異なる種類の"不"が含まれていないかを確認します（異なる"不"の複合であった場合には分解をし、その中で何の"不"に着目するかを決めます）。

異なる種類の"不"が混ざり合っていると、的確に"不"が生じている理由を明らかにすることができません。手順❷以降を試してみて上手く理由の分析ができないときは、手順❶に戻りましょう。

❷ "不"が生じている外因的な事実から理由を探る

まず、"不"を感じている人いない人に関わらず、事実としてある外因的な理由から挙げていきます。

挙げた事実をさらに分解し、"不"に繋がっている理由となるものの構造を理解します。

また、直接的な原因になっていそうなことだけでなく、遠因になっていそうなことも併せて挙げておきます。

❸ "不" を感じる人の個人的な内因的事情を探る

外因的な事実が同じでも、"不" を感じる人と感じない人がいます。

どのような個人的な事情が "不" を感じることに繋がっているのかを整理します。人によって "不" と感じるかどうかに違いが出るのは、どんな事情の違いによるのかと考えると導きやすいでしょう。

❹ 結果として "不" と感じるに至る心情を理解する

外因的な事実、内因的な事情が同じでも、それを "不" に感じる人と感じない人がいます。それは個人によって感じ方に違いがあるためです。

その人が "不" と感じるに至るまでにどのような心情があるからなのかを掴んでおきましょう。

心情は外から見ているだけではなかなかわからないので、その人になりきったような姿勢で気持ちに思いを馳せて考えることが必要です。

❺ 他にも理由がないか考えてみる

手順❷から❹の「外因的な事実に端を発した縦に深掘りした分析」に対し、横に視点を移して「他にもないか」と考えます。

ここまで挙げた理由を1つひとつ見ながら、「もし、その理由がなくなれば "不" は解消されるか」「そもそも○○さえ大丈夫なら……」と問いかけてみることによって、多面的に "不" が生じている理由を探ります。

失敗しがちな注意点

　本書では「事業とは、"不"の解消」「世の中にある"不"を探すのが新規事業開発の原点」と繰り返し言っています。

　しかし、ここで大事なのは「世の中の"不"を社会課題と広くとらえ過ぎない」ことです。あくまで大事なのは「個人が感じている"不"」です。

　たとえば「地方でシャッター商店街が増えていること」が社会課題としてよく挙げられますが、それ自体を「社会の"不"」ととらえてしまうと、的を射た解消策にはなかなか辿り着きません。シャッター商店街になってしまう理由を分析できても、それが本当に解消すべき"不"なのかどうかは実ははっきりしないからです。

　何か社会課題と言われる"不"に着目するときにも、「それによって具体的に誰がどんな"不"を感じているのか」まで解きほぐして、そう感じる理由を考えるよう注意してください。ここを見誤ってしまうと、「世の中、こうあるべき！」と主張だけは立派でも、その解消策をビジネスとして成立させることはなかなかできません。

　最終的にどこかで誰かが感じている"不"をどうしたら解消できるかを考えるのが事業です。"不"を感じている人から対価を得るのが基本ですが、"不"を感じているのは個人とは限らず、法人や自治体ということも

考えられます。その場合には法人や自治体から対価を得る事業になります。

┃ "不"が生じている理由をしっかり分析するコツ ┃

　企業が何か新たな事業を立ち上げようとテーマを探した場合、「国語」で新規性を持たせることはなかなか難しいです。もちろん、「どの企業もいまだその"不"に気がついていなかった」「見過ごされてきたが、意外に大きな"不"だった」ということもありますが、そのように新たに"不"を見つけられるのは稀です。

　また、"不"が生じている理由は明らかなものの、いまだ解消されずに残っている場合には（その検証方法は後段の「社会」で詳述します）、社会構造的な問題や技術的なハードルがあり、解消がなかなか難しく誰も事業化できていないということが多いです。これらの枠組みにはまってしまうと、新たに魅力的な事業アイデアを出すことがなかなか難しくなります。

　魅力的な新規事業は、以前からあると認められつつ解消されてこなかった"不"について、「理科」で別の切り口、"不"が生じている理由に目をつけたものが多いです。

　逆に言えば、従来にない「理由」を見つけることができれば、有望なビジネスチャンスとなります。ここが新規事業アイデアを生み出すための肝だと思い、何度も「なぜ？」の問いかけを繰り返しましょう。

事例：アラサー女子旅行　温泉旅館への"不"の分析

❶ 種類の異なる"不"を分解し、何の"不"を掘り下げるのかを決める

期待	⟷	感じている"不"

- ・温泉が好き
- ・たまには贅沢したい
- ・非日常を味わいたい
- ・女子だけで周りを気にせずに寛ぎたい

- ・設備が古い
- ・交通の便が良くない
- ・仲居さんら従業員に気を遣う
- ・他の宿泊客と一緒になりたくない
- ・料金が高い

様々ある"不"を分解した中から、料金のことをピックアップ

外因的な理由

❷ "不"が生じている外因的な理由を考え、深掘りする

- ・料金が高い
  - ├─ 建物や設備の維持にコストがかかる
  │ └─ メンテナンスにかかるコスト
  - ├─ 料理など原材料にコストがかかる
  │ ├─ 高級食材の仕入値が高い
  │ └─ アラカルトメニューの注文量が読めない
  │   └─ 材料の廃棄率が高い
  - └─ 人件費にコストがかかる
     ├─ 給与水準
     │ └─ 料理等には専門的技能が求められる
     ├─ 労働時間
     │ └─ 深夜までに対応すべきサービスが多い
     └─ 従業員数
        ├─ 業務別に専門職として採用している
        └─ 職務別時間帯別に仕事量のむらが大きい
           ├─ 人によって仕事の種類が細かく分かれている
           ├─ 一人一職種で、他の職種の仕事を手伝うことは少ない
           └─ 昔からの旅館業界における業界慣習

挙げた各項目に「なぜ？」を繰り返し、理由を掘り下げる

❹ 外因と内因の両側面から、結果的に"不"が生じている心情を理解する

- ・実際に絶対額としての料金も高いが、
- ・他のホテルや街での飲食との差別化を十分に感じてもらえず、
- ・料金に対する付加価値を認めてもらえない

絶対的な価格だけでなく、ホテルや飲食と比べた「ならでは」という価値を提供しきれておらず、結果として「割高である」と感じられている。コスト圧縮のほかに、別の施策も検討可能

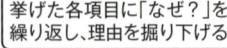

内因的な理由

❸ "不"を感じる内因的な理由を考え、深掘りする

・料金を高く感じる
　├・食事と宿泊がセットのため、都市型ホテルの室料より高く感じる
　│　└・食事のグレードや内容を部屋のグレードと分けて自分で選べない
　├・最新型のホテルに比べると設備を古く感じる
　├・料理が多すぎて食べきれない
　│　├・男性客に合わせた量になっていることが多い
　│　├・量が多いことをもって贅沢と感じることがない
　│　└・自分で料理を選べないことが多い
　│　　　└・飲食店ならコースもボリューム調整が可能
　├・仲居さんのサービスを過剰に思うことがある
　│　└・自分たちの占有空間（部屋）に入ることをよく思わない人もいる
　└・料理だけなら普段も美味しいものを食べ慣れている
　　　└・昔の人よりも外食する機会が日常的に多い

挙げた各項目に「なぜ?」を
繰り返し、理由を掘り下げる

❺ 俯瞰的に見返し、他に理由がないか確認する

他の理由

外因
・「コスト」以外にも高く設定せざるを得ない状況がないか?
　・宿泊料金以外の売上げが少ない
　・法人需要が少ない
　・週末に利用が偏る
　・季節によって利用が偏る

内因
・比較対象が飲食店やホテルになっていないか?
　・海外旅行と比べれば割安感が出るのではないか?

4 | 4時限目：社会
〜 " 不 " が存在する背景を理解する〜

「国語」「算数」でビジネスチャンスを見つけ、「理科」で事業として切り込む糸口が見つかったら、「具体的にどうすればその " 不 " を解消することができるか」を考えたくなるでしょう。

「理科」で " 不 " が生じている理由を明らかにする過程で、すでに何らかの解消策のアイデアを思いついているかもしれません。そうなるとすぐにプランの具体化を進めたくなりますが、我慢してその前にもう1ステップ取り組んでいただきたいことがあります。

それは「**なぜ " 不 " が今も解消されないまま残っているのか**」の検証です。

人間は長い歴史の中で、" 不 " を少しずつ解消することで進化してきました。" 不 " が生じている理由が明らかであれば、それを解消しようとすでに様々な人が努力をしているはずです。しかし、それでもいまだ解消されず " 不 " が残ったままであれば、そこには何らかの「社会」的な背景があるはずです。

　"不"を解消するためにすでにどんな製品やサービスがあり、それでもなぜいまだに「解消」されていないのか、広く「社会」を見渡してみましょう。

概論

　今もなお"不"が解消されないまま残っている社会的背景を理解することで、"不"をより深く理解し、事業化に向けてどのようなハードルがあるかを確認します。

　社会的背景は大きく4つの視点から検証します。

---

①**政治的背景**（Politics）

②**経済的背景**（Economy）

③**社会的背景**（Society）

④**技術的背景**（Technology）

　マーケティング戦略を立てるためマクロ環境分析をする際に用いられるPEST分析（4つの頭文字）と同様の考え方です。より様々な角度から広く検証しておくことが重要です。

　また、マクロ的な検証とは別にミクロ的な検証として、同じ"不"を解

消しようと世の中に**すでにある製品・サービスにはどのようなものがある**

か、それらはどうやって"不"を解消しようとしているのか、それでも解

消し切れていないと思えるのはどういう部分か、も確認しておきます。

　事業アイデアを考える際には、これらの社会的な背景を理解しつつ、従

来の製品やサービスとは異なるアプローチで取り組むことが必要です。

┃手順┃

❶ 政治的な背景を理解する

　業界や職務によっては普段あまり意識することがないかもしれませんが、

どんな事業も社会の規範たる法律や規則の影響を受けます。

　国の法律や自治体の条例だけでなく、監督官庁の行政指導のガイドライ

ンや業界団体の自主規制ルールなどもこれに当たります。

　また、内閣や首長によって政治方針もそれぞれ異なるので、その影響も

受けます。

　法律や規制はもちろん遵守せねばなりませんが、これらは時代によって

変わるものです。政治的な変化があるときは新ビジネスにとって大きなビ

ジネスチャンスです。

　今、どんな政治的背景があり、今後どのような変化が予測されるか検証

しましょう。

❷ 経済的な背景を理解する

ビジネスである以上、世の中の経済的な状況の影響を当然受けます。

景況が消費行動や志向に影響するのは当然ですが、為替は輸出入を伴う事業や外国人を対象にした事業への影響が大きいです。金融商品を扱ったり投資を伴う事業だけでなく、多くの事業は金利の影響を受けます。

事業は一般に経済的合理性に基づいて行われるので、"不"が「事業」によって解消されていないのには、それなりの経済的合理性があるはずです。「原材料や手間のコストが対価に見合わない」というのが一般的な理由でしょう。

しかし、原材料費や手間のコストは時代によって大きく変わりますし、個人も法人も何にお金をかけるかは時代によって変わります。

そこに新たなビジネスチャンスが生じます。

❸ 社会的な背景を理解する

社会的背景には、道路事情や通信環境など社会インフラ的なものから、公的な助成金や医療相談などの行政サービス、さらには生活習慣や社会常識、業界構造や業界の商慣習なども含まれます。

形がなく明文化されていないもの、普段あまり意識せずに利用しているものや、「知らないうちに」ということも多く含まれます。

❹ 技術的な背景を理解する

　人間は技術を発展させることによって、これまでも様々な"不"を解消してきました。しかし、逆に言うとまだまだ多くの"不"が技術的な理由がネックになって解消できず残っていたりします。

　技術的な課題は、そもそも実現可能かということだけでなく、見合うコストで実現できるのかとか、安定して実行可能なのかといったことも問題になります。

　技術的な知識がないと技術的な背景を詳しく理解することが難しいですが、「特に○○が技術的に大きなネック」とか、「○○さえ実現できれば可能」といったように、課題が何かをフォーカスしておくと、後で事業アイデアを考えるときに有効な材料になります。

❺ 既存の製品・サービスではなぜ解消できていないかを考える

　世の中にはすでに様々な製品やサービスがあります。サービスには対価を払って享受しているものもあれば、公的に無料で提供されているものもあります。また、他から提供される製品やサービスを利用するまでもなく、自分自身や周囲の人の力を借りて何らかの形で"不"の解消をしようとしているものです。

　新規事業では、それでもなお残っている"不"を解消しようというのですから、今のやり方ではなぜ"不"が解消できていないのかを検証してお

く必要があります。

それを理解していなくては、今と同じ課題から抜けられません。

普段何気なく意識せずに行っていることや利用しているもの、買っているものを改めて見返し、それらの方法だとなぜ"不"が解消し切れていないのかを考えてみましょう。

失敗しがちな注意点

ここではわかりやすく「政治」「経済」「社会」「技術」という4つの視点を提示しましたが、それぞれの視点の定義に細かくこだわる必要はありません。

実際には"不"がいまだ解消されていないことの背景は複雑であり、4つの視点の複合体であることが多いです。大事なことは、幅広い視点を持って見ることで、抜けや漏れを少なくして多角的に検証することです。

昔からある"不"については、それが当たり前になり過ぎて、その背景を検証しようにも、「しょうがない」「そんなもの」としてしまいがちですが、そこをあえて「なぜ」「どうして」と問いを繰り返し、背景を理解するようにしてみてください。

人は誰でも何か得意な分野や慣れた視点があるものです。普段の自分の得意や慣れから離れて、別の視点を持つことで新たな発見があるかもしれ

ません。

　特に技術者の方は技術的な発展をいつも目指しているので、つい課題を技術的なことに求めがちですが、案外別なところに新たな切り口が見つかることもあるものです。

┃ "不"が解消されていない社会的背景を知るコツ ┃

　"不"が解消されずに残っている社会的背景を調べていくうちに事業化の難しさも知ることにもなるでしょう。

　しかし、ここであきらめてはいけません。

　今残っている"不"で簡単に解消できるものはありませんし、簡単なことなら付加価値も低く魅力的な事業にはなりません。

　ここで理解した"不"を解消できていない社会的な背景は、新たな事業化のアイデアを出す材料集めだと思って取り組みましょう。

　世の中は絶えず変化しています。昨日の常識が今日には変わっているかもしれません。少し前であればできなかったこと、合理的でなかったことが、状況が変われば可能になり合理的になることがあります。

　法律も世につれ変わっていきますし、金利や為替は日々変動しています。インターネットを含めた通信環境は大きく変化していますし、生活習慣も知らぬ間に変わっていくものです。

　だからこそ、そういった変化の中で新たなビジネスチャンスが生まれます。今まで実現できなかったこと、共感を得られなかったことが、環境が変わることで実現し受け入れられるようになります。

　どんな社会的変化が起きているかに注目しながら分析を進めましょう。

　たとえば、「いい旅館に泊まってみたいけど、やっぱり値段が高いなぁ」と思うことはありませんか。これもひとつの"不"です。

　そう思う人はけっこう多そうですから、「算数」視点でも取組み甲斐のある事業テーマになるかもしれません。

　これを「理科」の視点で分析すれば、豪華な料理の材料費もそうですが、従業員の数が多く人件費が嵩むのが大きな理由であることがわかります。

　ここで「では、人件費を下げれば料金は抑えられ"不"は解消できる」と考えるのは短絡的です。単純に人件費を下げるだけでは、サービス力が低下してしまい、高級旅館の魅力を落としてしまう可能性もあります。

　したがって、ここは「社会」の視点で、「なぜ料金を高くせざるを得ないのか」と背景を理解しておく必要があるでしょう。

　需給バランスなど事業者が変えようがない背景もありますが、「接客、調理、掃除など多くの業務が分業で行われることが多く、従業員数が多くなりがち」という旅館業界の慣習が背景にあることがわかります。

　業界で成功している星野リゾートは、業界慣習で職種ごとに分業だった

従業員の職務規定を、すべての業務を従業員全員で分担するマルチタスク体制に変えたことで、サービスレベルを落とすことなく人件費を下げることに成功しました。星野リゾートのサービスは「社会」視点の分析があってこそ生まれたものだと言えます。

PEST分析の例　高級旅館の料金が高い"不"が解消されていない背景

政治的背景（Politics）	● 東京オリンピックに向け海外からの観光客を積極的に受け入れている ● 外国人観光客の増加で利用者が増えている
経済的背景（Economy）	● 円安 ● 人件費の高騰 ● 可処分所得の多い独身者の増加
社会的背景（Society）	● 人手不足 ● 和ブーム ● 分業体制
技術的背景（Technology）	● コスト抑制に反映させられるような技術の発達がない

今ある製品サービス・代替手段	● 値段の安い旅館 ● 高級ホテル

なぜ"不"が解消できていないのか？	● 十分なサービスが受けられない ● 人数が多いと部屋でくつろげない

Step 4

新規事業の
事業企画を立てる

イントロダクション | INTRODUCTION

　ステップ2で検討領域やテーマに当たりをつけ、ステップ3でビジネスチャンスを見つけることができたら、いよいよ具体的な事業案の検討に進むことができます。

　「新規事業の企画案」というと、大変そうで尻込みをしてしまいそうですが、簡単に言えばステップ3の「国語」で見つけた"不"をどうやって解消するかという案が事業企画です。

　事業企画はその具体化のレベルによって、以下の3つのレベルに分けられます。

①事業アイデア：どうやって"不"を解消するかを示したもの

②事業プラン：事業アイデアの実行方法をまとめたもの

③事業計画：事業プランを実行するために必要なことをまとめたもの

　これらを1つずつ順番に考えて作成していきましょう。

　まずは「事業アイデア」がないと話は始まりません。どうやったら"不"を解消することができるか、その発生理由（理科）と解消されていない背景（社会）をよく理解した上で解消策を考えます。

　最も大事なのは「事業アイデア」ですが、アイデアだけでは実行できません。そのアイデアをどう実行するかまで考えて初めて「事業プラン」となります。そこでは「どうやって製造するか」とか、「どうやって運用す

るか」とか、「いくらで売るか」「どうやって広告するか」といったプラン
が必要です。

「事業プラン」はその実行を社内で決裁を仰ぎ承認を取ることで、事業化
を実現して初めて価値を持ちます。

そのために「何を準備する必要があって」「どれだけの投資が必要で」
「どれだけの収益期待が見込めるか」「どんなリスクを覚悟しておく必要が
あるか」までをまとめて計画を立てるものが「事業計画」です。

以上の一連のプロセスと「国語・算数・理科・社会」との関連を次ペー
ジの表にまとめておきましたので、全体像を理解してください。

社内で丁寧に検討を進めるためには、①事業アイデア、②事業プラン、
③事業計画、それぞれのレベルにおいて社内で起案し次の段階に検討を進
めて良いか決裁を仰ぎ、共有しながら進めていくのが良いでしょう。

「事業アイデア」は、面白さやユニークさで評価されます。

「事業プラン」は、勝てそうか、やれそうかで評価されます。

「事業計画」は、儲かりそうかで判断されます。

順を追って検討を進めていきましょう。

STEP4　全体図

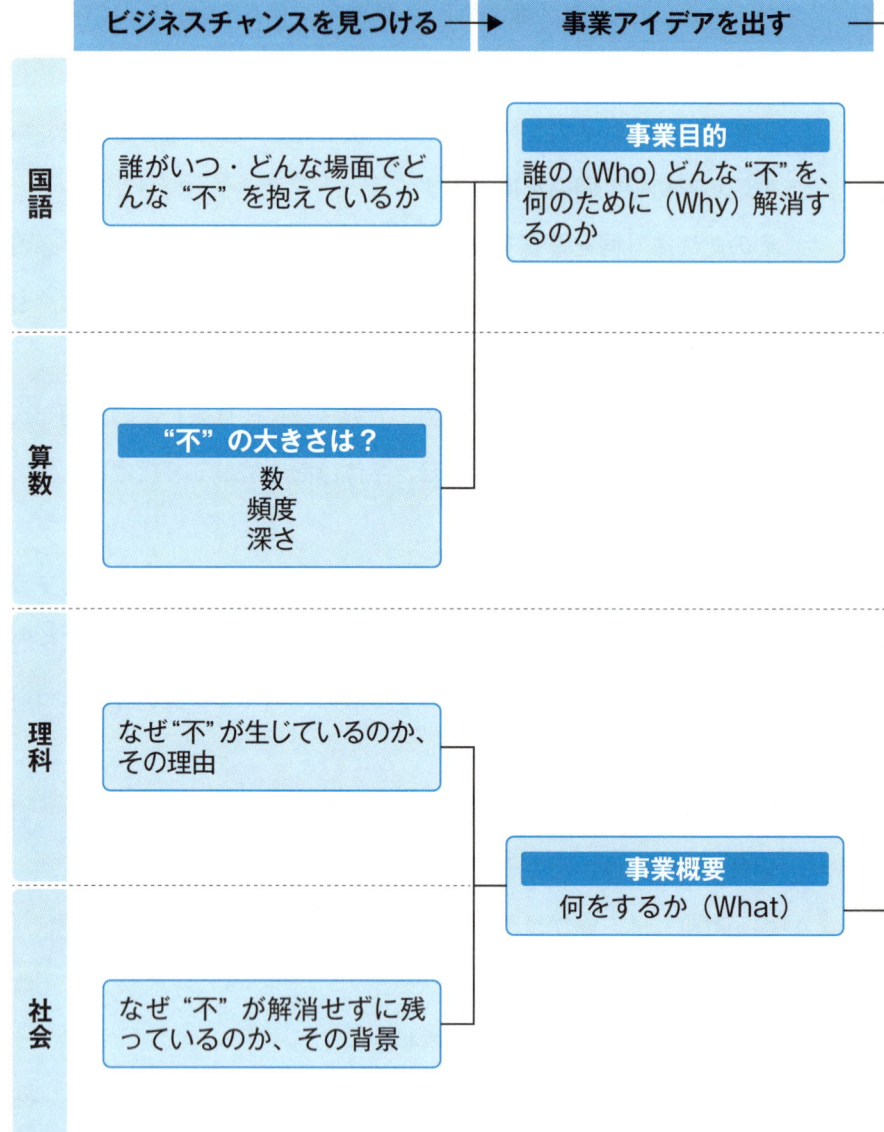

ビジネスチャンスを見つける　→　事業アイデアを出す

国語

誰がいつ・どんな場面でどんな "不" を抱えているか

事業目的
誰の（Who）どんな "不" を、何のために（Why）解消するのか

算数

"不" の大きさは？
数
頻度
深さ

理科

なぜ "不" が生じているのか、その理由

事業概要
何をするか（What）

社会

なぜ "不" が解消せずに残っているのか、その背景

事業プランを仕立てる　　→　　事業計画を組み立てる

ターゲット戦略
誰に

収支計画

セグメンテーション戦略
どんな市場で

実行計画

ポジショニング戦略
どんな位置づけで

オペレーション
どうやって（How）
どこで汗をかくか
どうやって収益をあげるか

リスク分析

1 | 事業アイデアを出す

　どれだけ緻密に戦略を考え、詳細に計画を組み立てたとしても、肝心の事業の根幹を成すアイデアが陳腐であれば、魅力的な事業案にはなりません。

　すべての新規事業が「世の中にかつてない」ような事業である必要はありませんが、何らかのユニークさを持たない事業は市場で競争力を持つことが難しいです。

　なぜなら、あなたの会社にとってはそれが新規事業だとしても、市場においては従来からある事業と大差なく、新規性に欠ける従来型事業であることの方が多いからです。

　もちろん、同じモデルの事業で競合と真っ向勝負するという戦術もありますが、一般的には企業体力によほど差がない限り、先行している企業の方が競争は有利です。**後発のあなたの事業は何らかの差別化が必要**です。

　そのためにも、この事業の核とすべく、アイデアに十分な智恵を使わなくてはいけません。本節ではそのためのコツを3つご紹介します。

　ご自身のアイデア発想力に自信がない方は「いよいよ難関の山場だ」と思われるでしょうが、あまり不安に思わないでください。

　実は事業アイデアを出すための準備はステップ３までのプロセスでしっかりできています。ここまで**深掘りして考えてきた"不"をしっかり見据えれば、必ずアイデアは出てきます**から安心してください。

　そして、どんなに優れたアイデアマンでもスランプのときはあるものです。そのような場合に試してみる手法を自分の中で複数持っておいた方が良いです。いくつか試してみて、自分に合う方法を見つけてください。

　アイデアを出すフェーズでむしろ注意していただきたいのは、ご自身のアイデア発想力に自信がある方かもしれません。

　最終的にはそのアイデア自体が良いかどうかが大事なのですが、**周囲の理解・共感・賛同・協力がないと社内で事業案は推進していきません。**

　「あるとき、風呂場でパッと思いついたんです」と言うだけで社内承認を取ることは大きな組織ほど難しいでしょう。アイデアマンを自称する方が自分のアイデアが社内で評価されず実現しないことを憂いて、「我が社は頭が固い」「保守的過ぎる」などと嘆くお話もよく聞きます。

　せっかくのアイデアが組織の中で埋もれてしまうのはとてももったいないことです。アイデアを周囲に上手く伝えられないと思ったら、今一度ステップ３の「国語・算数・理科・社会」に立ち戻って、**「なぜこのアイデアなのか」**を説明できるようにしてみてください。

アイデアを出すためのコツ① "不"にフォーカスする

　ここで考えるべきアイデアは、「国語」で見出した世の中の"不"をいかにして解消するかです。

　「誰が抱えている、どんな"不"を解消しようというのか」をしっかり見据え、「理科」で分析した"不"の発生理由、「社会」で把握したその"不"がいまだに解消されていない背景を1つひとつ丹念に見て、自分たちならどうやってその"不"の「理由」や「背景」を乗り越え、どうやって解消するのかを考えること。これが基本です。

　こう書くといかにも当然のことと思われるでしょうが、いざ事業アイデアを考えるというフェーズになると、いろんなことに目が行ってしまいがちです。一般に経営戦略やマーケティング戦略、競争戦略といった中で説かれる様々な事項に目が行き、あれもこれもと事業検討のフォーカスが絞れなくなりがちです。

　また、テーマ設定をした段階からあれこれとそのテーマに関する関連情報が入ってきます。それらの情報に触れている中で具体的な事業アイデアがひらめくこともあると思います。

　もちろん、それらのひらめきもとても大事ですし、参考になる先行事例も情報としてはとても有益なのですが、ここでは今一度「国語」「理科」

「社会」を思い返し、そのアイデアで "不" が解消できるか考えてみましょう。

　あくまで "不" が解消できるかどうかに集中して考えることが重要です。

アイデアのチェックポイント

- [ ] **そのアイデアで "不" は解消できそうか**
- [ ] **対象とするユーザー像にマッチしているか**
- [ ] **対象とする場面にマッチしているか**
- [ ] **現在 "不" が生じている理由を踏まえているか**
- [ ] **未だ "不" を解消できていない従来品と何が違うか**

アイデアを出すためのコツ②　ポジティブ仮説思考法

"不"にはそれが生じている何らかの理由がありますし、それが今でも解消できていないことには何らかの背景があります。

したがって、それを解消するのは簡単なことではありません。

コツ①の要領でどれだけ集中して智恵を絞っても、アイデアは簡単には出てきません。むしろ「ああしてもダメ」「こうしても無理」と様々な課題の方が先に見えてきてしまい、八方塞がりになりがちです。

そんなときには、"不"の解消に向けて障壁となる様々な事項を1つずつ「もし仮に○○が可能であったなら」とか、「もし仮に××の問題がなかったとしたら」と仮説を立てて、「どういう条件がクリアされれば大丈夫か」と考えるようにしてみてください。

あまりに多くの条件を揃える必要があったり、1つの条件だけだとしてもその条件をクリアするのがどうしても難しかったりする場合には通用しませんが、「ここさえクリアできれば」が明確になれば、その条件を成立させるためにはどうしたら良いか、その条件を回避する方法は他にないかと智恵を絞るポイントをフォーカスすることができます。

全方位で考えるのは難しくても、フォーカスが定まれば何か新しい解を得られるかもしれませんので、ぜひ試してみてください。

ポジティブ仮説思考法

例：現在、店頭の専用端末でのみ提供しているサービスを会員顧客に専用タブレットを配布して提供する新サービスを検討

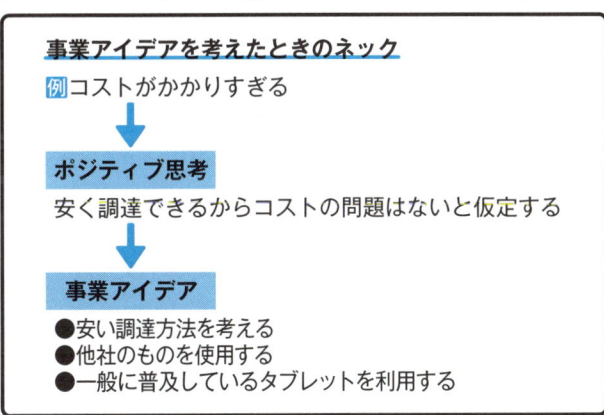

事業アイデアを考えたときのネック

例 コストがかかりすぎる

↓

ポジティブ思考

安く調達できるからコストの問題はないと仮定する

↓

事業アイデア

●安い調達方法を考える
●他社のものを使用する
●一般に普及しているタブレットを利用する

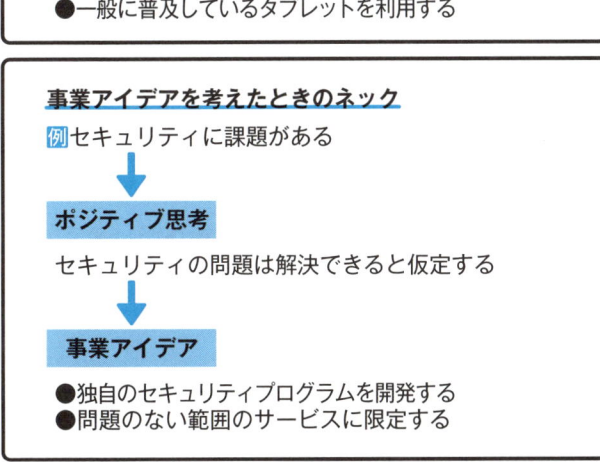

事業アイデアを考えたときのネック

例 セキュリティに課題がある

↓

ポジティブ思考

セキュリティの問題は解決できると仮定する

↓

事業アイデア

●独自のセキュリティプログラムを開発する
●問題のない範囲のサービスに限定する

「○○さえ解決できればこの事業アイデアはいける！」事業化のための課題がフォーカスされる。

　どうしても解決できない課題が残ってしまった場合には「できることを
すべて考えたか」と見直しをしてみてください。

　一般的に、企業が何かの製品やサービスを世の中に提供する場合、すべ
てを１社だけで行っていることはむしろ稀です。

　製造業であれば原材料をどこからか調達しているでしょうし、物流や販
売は他社に依頼をしていることが多いでしょう。サービス業も、人材の確
保、店舗、代金回収、電話受付等、他社に外注委託していることが多いと
思います。

　事業を検討する際には、どうしても自社で内製していることに検討の範
囲が閉じてしまう傾向があるので注意をしてください。お客様に届けるに
至るまでのすべてのプロセスを総点検する必要があります。

　また、提供側でなく、お客様側にも購買し利用するまでのプロセスがあ
ります。

　"不"の洗い出しのときにもした通り、すべてのお客様のプロセスを再
点検し、それぞれのプロセスにおいて、どんな改善なり変革ができるかを
考えてみましょう。

　企業は多くの場合、そのお客様のあるプロセスの中でしか接点を持って

いません。見落としていることがないか注意してみてみましょう。

バリューチェーン発想法

例：食品メーカーが働くお母さんの育児負担を軽減する新製品を考えた場合

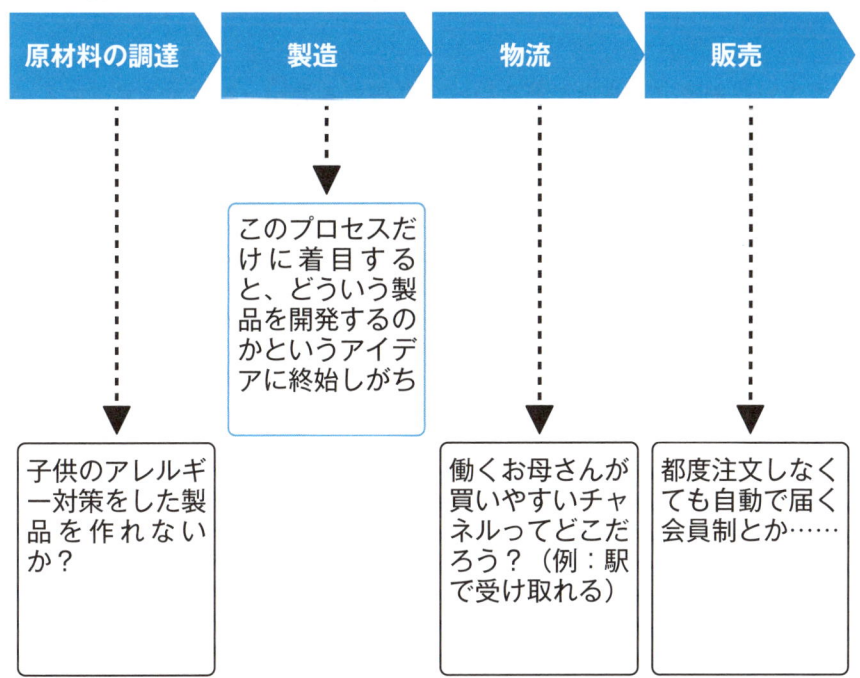

原材料の調達

製造

物流

販売

このプロセスだけに着目すると、どういう製品を開発するのかというアイデアに終始しがち

子供のアレルギー対策をした製品を作れないか？

働くお母さんが買いやすいチャネルってどこだろう？（例：駅で受け取れる）

都度注文しなくても自動で届く会員制とか……

2 | アイデアから 事業プランを仕立てる

「プラン」とはアイデアをどうやって実行するのか、その方法を示すものです。和訳すれば「PLAN ＝計画」なのですが、精緻に数値までシミュレートする「計画」とはあえてフェーズを分けています。

　せっかく考えた魅力的なアイデアも、実行されてお客様まで届き成果をあげなければ意味がありません。そのための方法を考えることに智恵を絞ります。プランを考える上で大事なことは以下の３点です。

①いかにお客様に届け価値を感じてもらうか

②どうやって実行するか

③どうやって収益をあげるか

　この３つが揃わないと、せっかくのアイデアもお客様に使ってもらえませんし、実行できなければ絵に描いた餅で終ってしまいます。収益を伴わないと企業として継続して運用することができません。

「国語」で見つけた"不"を実際に事業として解消していくにはどうしたらよいか、企画の一番の智恵の絞りどころです。

┃ ポイント1：いかにお客様に届け価値を感じてもらうか ┃

新技術をはじめ何らかの魅力的なアイデアで"不"の解消方法を思いつくと、その時点で満足してしまうことがあります。

もちろん何か1つのアイデアがブレイクスルーを起こすことも多いのですが、多くの新事業は、せっかくのアイデアがお客様まで届かない・理解されないままに、買ってもらったり使ってもらったりして価値を発揮するに至らず、志半ばで終ってしまうのです。

まず起案者は「**たとえ、どんな良い製品・サービスでも、お客様に届き理解され共感を生むことは、とても難しいことだ**」という認識に立たなければいけません。

世の中には情報が溢れています。稀にお客様が"不"に困るあまり、自ら積極的に情報収集をしてくれて提供側は待っているだけで良いという場合もありますが、基本的には自ら積極的に働きかけていかないと、せっかくの起案者の思いやアイデアもなかなかお客様には届かないと思っていた方がよいでしょう。

"不"はお客様自身が自覚しているとは限りません。"不"にお客様自身

気がついてもらうことから始める必要があることも多い（潜在的な"不"）ですし、何らかの新たな製品・サービスを提供する場合には、従来の認識や考え方や習慣を変えてもらう必要があり、それには多大なパワーを要します。

そこで、この難しい方法を考えるための智恵として、マーケティング戦略の策定でよく使われる STP という思考フレームを紹介します。

大事なことは「S=Segmentation ＝どういう市場で」「T=Targeting ＝誰に対して」「P=Positioning ＝どういう位置づけで」一番になるか、という視点です。

❶ Segmetation 戦略

たとえどんなに新しい製品・サービスだとしても、ユーザーは皆、従来ある何かのカテゴリーに当てはめてとらえ、認識し理解しようとします。

同じ製品・サービスでも、その判断をユーザーに委ねれば、お客様によってそのとらえ方はまちまちです。

お客様に「どういう Segment のものだ」と認識してもらいたいかを考えるのが Segmetation 戦略です。

ある食品ひとつとってもそれを食事としてとらえるか、おやつととらえるか、自宅用ととらえるか、ギフト用ととらえるかも人それぞれです。それを意図的に、こういうカテゴリーのものととらえてほしいと誘導します。

❷ Targeting 戦略

「国語」では、「どこの誰が」と個人を特定できるまで絞り込んで、"不"を掘り下げました。そして、「そんな人がどれくらいいるだろうか」と「算数」で推計しました。その推計に使った括りがこの事業のターゲットです。

　この事業で"不"を解消したいのがどういう人であるのか、改めてフォーカスしましょう。Target 像がぼやけると施策の方針もぼやけます。

❸ Positioning 戦略

　同じ Segment 内にすでに様々な製品・サービスがある中で、どのような製品・サービスとして認識され位置づけてもらいたいかを決めます。

　ここでは単純な優劣ではなく、「**どう違うか・何が特徴か**」という視点で既存製品・サービス、従来からある代替品と違いを示して特長づけるのが良いでしょう。同じセグメントの中で際立った特徴により何かで一番になれれば憶えてもらいやすくなります。

どうやって実行するか

「新規事業の企画」というと、クリエイティブな発想力ばかりが注目されがちですが、実際に「事業」に仕立てるためにはオペレイティブな視点からの実現力がとても重要です。

元々のアイデアがいくらユニークで面白くて立派でも、実現できなければ意味がありません。どうすれば実際にアイデアを具現化し実現できるか、細部にまでこだわって考えましょう。

　実際、**事業の成否はオペレーションがカギを握る**ことが多いです。

　まず大事なことは、その方法で"不"を解消できるかです。事業のバリューチェーンの各プロセスを、まずは「**"不"の解消**」という視点から最適な方法を考えましょう。

　もちろん、最終的には後段の収益とのバランスを考えなければいけないので、この項で考えることと行ったり来たりで考えることになりますが、まず一旦"不"を解消するのに理想的なあり方から考えます。

　想像力はクリエイティブな発想の場面でよく求められますが、実はオペレーションを考える際にも重要です。

　特に従来にはないオペレーションを考えるときには、それはどうすれば実行できるか、既存のラインは活かせるか、自社の関連部署や取引先には協力してもらえるかまで想像力を働かせ、考えなければいけません。

　実行方法を考える上でもう１つ大事なことは、**どこをこの事業の勝負のポイントに持ってくるか**です。

　実際のオペレーションまで考えていくと、コストを抑え効率を上げることがとかく重視されます。もちろん収益確保のためには大事なことです。最大限の工夫が必要ですが、そこだけに先に目が行ってしまい、肝心なこ

の事業の核となるべき部分が疎かになっては元も子もありません。

　新事業で行うのは、既存の製品やサービスではなしえていない "不" の解消です。たいていは、「"不" の存在には気づいているが、解消方法を実行できていない」というケースの方が多いのです。実際のビジネスの場面ではアイデアにも増して実行方法が勝負を決めます。

　今まで実現できていなかったことを実現するために、「**ここだけは多少効率が悪くても、汗をかく努力をしよう**」というところを決めておくことをお勧めします。もちろん効率化や合理化も勝負のポイントになりますが、それらの施策は後発にも真似されがちです。一方で、汗をかいたところはなかなか真似されにくく、競争優位・差別化のポイントになります。

　「汗をかく＝労働集約的」ということではありません。自社の経営資源に照らしながら、他とは違うところを何か１つ見出し、「**ここだけは負けない**」ポイントを作ってください。

どうやって収益をあげるか

　企業活動として行う以上、収益は確保せねばなりません。事業の目的はあくまで "不" の解消ですが、収益を得られなくては事業として継続できませんし、次への投資もできません。

　収益は事業の存続のために必ず必要なものです。

高い収益性を求めて様々なビジネスモデルが検討されますが、それらは収益の上げ方を軸に大きく次の6つに分けられます。

❶ 高く売る

高く売れば収益性が上がります。単価を下げて量を売る方法もありバランスが重要ですが、高く売れるに越したことはありません。

一般には、より深刻な"不"を解消できた方が高い単価を期待できます。

また、既存で類似の"不"を解消している製品・サービスの価格が高ければ、それに準じた価格をつけることができます。

そして、他では解消できない"不"を解消できれば、代替品がなく高い単価をとることができます。高く売るための方法を考えましょう。

❷ たくさん売る

たくさんの人に売るなり、大量に買ってもらうなり、何度も買ってもらうなりして量を売れば、売上は増えて収益性が上がります。量をさばくことで製造や販売の効率も高めることができます。

どうすればより多くの量を売ることができるか、考えましょう。

❸ 安く作る・運用する

大量生産することもその1つの方法ですが、生産方法や提供方法を工夫

することでコストを抑えられれば収益性が上がります。

どうすればより生産・提供のコストを抑えられるか考えましょう。

❹ 楽に売る

広告宣伝、販売促進、販売マージン等々、お客様に知ってもらい買ってもらうためにかかるコストをどうやって抑えるか。それに携わる社内の人件費のことも忘れてはいけません。自ら行うのか外注するのか、どこかと提携して協業するのか、ITをどう活用するか等、智恵を絞りましょう。

❺ 効率よく運用する

作る・売るに限らず、物流から代金回収、メンテナンス、お客様対応、管理まで事業全体をどう効率的に運用するか目を配りましょう。

❻ 安定して操業する

販売量や製造量の増減幅が大きければ、大きいときに合わせて必要な施策を準備するのでコストが増します。また品質や運用が安定しなければ、リスク対応のため管理やメンテナンスのコストが増します。

安定した操業ができれば、必要なときに必要な分だけ計画的に無駄のない投資ができコストを抑えることができます。

どうすれば安定性を高められるか考えましょう。

3 事業計画を組み立てる①
（成長シナリオを描く）

　ここまで検討してきた「プラン」を実際に事業化するかどうか、社内承認を取るためには、実際に実行するに当たっては何をどう準備・手配する必要があるか、いつ頃にどれくらいの成果をあげることができるかを予測し、「計画」の案をまとめなければいけません。

　経営者にその計画を見て最終的に事業化の是非を判断してもらい、「計画」を実行するために必要な指示を社内の様々な部署に出してもらいます。

　指示を受けた関係部署は、起案者と協力し「計画」に基づいて事業化に向けて準備を進めていくことになります。

　「事業計画」と聞くと、細かな収支計画の数字が入ったエクセルで作った数表をまず思い描く人が多いかもしれません。

　もちろん、最終的には数字で計画値をまとめる必要はありますが、計画を立てるためにまず一番大事なのは、**想像力・構想力・段取り力**です。

　最終的な目標を達するために事業をどう生み、どう育てていくか、そのシナリオをまず描くことが大事です。その後にシナリオを数字に落としま

す。数値を計算する前にまずは事業の成長シナリオを描いてみましょう。

手順１：事業の成長シナリオを描く

　ここまでの検討プロセスの中で思い描いてきた事業像をいきなりすぐに実現することはできません。その事業の構想が大きければ大きいほど、実現にはステップや時間が必要になるでしょう。

　まず大事なのは、どんなステップを踏んで最終ゴールに向かっていくかという成長シナリオを描くことです。

　競合がひしめく成長市場の中で一気に大きな投資をしてシェアを取りにいくシナリオもあれば、限定した市場の中でまずは確実に収益の基盤を作り徐々に拡大していくシナリオもあります。

　また最初から収支の帳尻を合わせ、初めから赤字を出さないように着実に事業拡大させていく方法もあれば、当初は赤字覚悟で大きな投資をして基盤を作り、後から大きく黒字化を狙うシナリオもあります。

　市場の状況（"不"の顕在化の状況、成長のスピード、競争の激しさ、規模など）と会社の経営資源（資金・事業に必要なリソース・ノウハウの有無など）や事業の特性（インフラ型／フロー型など）によって、最終ゴールに向けた最適なシナリオは異なります。

　また、社風や経営陣の気質によっても受け容れやすいシナリオは違うか

もしれません。それらも加味した上で起案者としてこの事業の成長シナリオを描かなければいけません。

　市場の状況（需要・競合）が将来どう変わっていくか、そのシナリオについても合わせて描いておきましょう。

▌ 手順2：成長ステージごとの成果目標を仮置きする ▌

　おおざっぱに成長シナリオを描くことができたら、節目となりそうなところで全体をいくつかのステージに分けてみましょう。

　そして、分けたら各ステージに名前をつけてみましょう（例：導入期、拡大期等）。各ステージの意味合いがわかりやすくなります。

　次に、各ステージでどれくらいの成果を目標にするか仮に数字で置いてみます。もちろん、どんな事業でも「売上」が最終的な目標指標ですが、その売上を作るに当たって目指すべき中間指標になりそうなものが何かを考え、その数字も置いてみます。

　事業によって売上に繋がる中間指標にすべき事項は様々です。

　たとえばBtoCでマス販売するような事業であれば、製品の認知率、取り扱い店舗数、シェアなど。BtoBのサービス業なら、営業先件数、顧客数、取引単価などです。

　これら中間指標を置くことにより、「一気に認知を上げて拡販する」と

事業計画の組み立て方

手順1　事業の成長シナリオを描く

どんなステップを踏んで最終ゴールに向かっていくかという、事業の成長曲線をイメージする
- 事業を成長させていくための戦略
- 市場の変化の予測
- 事業特性や会社の経営資源、社風を考慮した成長シナリオ

手順2　事業の成長ステージごとの成果目標を仮置きする

各ステージで何を指標にどれくらいの成果を目標にするか数字を仮置きする
- 売上目標
- 中間指標（例：認知率、店舗数、シェア、顧客数、取引単価など）

手順3　成果目標達成のために必要な準備を整理する

各ステージですべきことを明確にし、実行するために準備が必要なヒト・モノ・カネを整理する
- 社内体制（例：人員、拠点、予算など）
- 事業運営（例：製造設備、外注先、物流、技術など）

手順4　シナリオ通りにいかないかもしれないリスクを確認する

手順1から3までのシナリオの中で想定通りにならない可能性（リスク）にはどんなものがあるかを挙げ、その影響を確認しておく。

か、「徐々に単価を上げていく」「リピート率が高まっていく」など、成長シナリオがより具体的なものになっていきます。

　技術開発型・先行投資型の事業では初期は売上がないこともあるでしょう。その際は技術開発やインフラ整備の成果目標を立てましょう。

　なお、この時点では精緻な試算は必要ありません。項目と数字の規模感をあくまでイメージでざっくり置いておくレベルで十分です。

▎手順3：成果目標達成のために必要な準備を整理する ▎

　最終目標に向けた成長の全体シナリオが見え、段階的ステージごとの成果目標が見えてきたら、それらの成果を生むためには各ステージで何をしなければいけないか、中でも特に注力するべきことは何か、どうすればさらにその次のステージに上がることができるか、を考えます。

　各ステージごとにやるべきことが見えてくれば、そのためにどんな体制や状況であれるようにしておかなければいけないか、が見えてきます。

　製造業であれば、製造設備もしくは仕入先。サービス業であれば、店舗や物流の拠点数。BtoCのマス商材であれば、認知率を上げるための広告費用や小売店向けの営業組織。BoBであれば、法人向け営業の拠点数など。技術開発型の事業であれば、継続的な技術開発も必要になるでしょう。

　そして、それらを運営するためには人が必要ですから、雇用形態別の従

業員の数もそれぞれのステージでどれくらい必要になるだろうか、大よその見当をつけます。

製造や販売の拠点、従業員といったものはすぐに準備できるものではありませんから、前のステージから準備を始めないといけません。

このような各ステージの主要事項を数値で仮置きし、それぞれのステージで事業がどんな状況になっているかを想定しておきましょう。

計画は何度も修正をしますので、今の段階ではまずは仮置きで構いません。

手順4：シナリオ通りにいかないかもしれないリスクを確認する

ここまで想像力と構想力を発揮して成長シナリオや成長ステージの変化、それぞれのステージにおける目標と実現のための準備について考えてきました。

予想を当てるため、できるだけの努力をすべきですが、これらは未来のことですし、いまだ実行をしていないことなので、本当にそうなるかどうか、そうできるかどうかは誰にもわかりません。

「○○をするなら××が必要なはず」といったことはロジックで考えておくことができますし、ベーシックなことは押えておくべきですが、今は常識とされていること（たとえば法律）も将来変わる可能性もあります。

特に数字の確からしさは、いくら正確性を求めても、変数が多過ぎて難しく切りがありません。正確性を期すことはある程度であきらめて、どんな不確実要素があるかを想定しておくにとどめておく方が、妥当でしょう。

　想定どおりにならない可能性のことを「リスク」と言います。どうなるかはわからなくても、想定と違うことがありうることを予めわきまえていれば、それに合わせた準備も可能ですし、それを見越して投資判断もできます。

　今の想定の中に、どんなリスクがあるかを考えておきましょう。

リスクの種類

市場に関するリスク	市場の将来的な変化が予測しきれない
営業に関するリスク	意図したように売れない
競合に関するリスク	競合の動きが読みきれない
ヒトに関するリスク	採用、育成、退職などが計画通りに進まない
モノに関するリスク	仕入れ、生産スピード、品質などが意図通りにいかない
カネに関するリスク	資金調達や金利・為替が想定通りにならない
協業者に関するリスク	取引先が意図通りにならない
社会的責任に関するリスク	社会的責任を負う、撤退しにくくなる

シナリオを描くために大事なこと

人は神様ではないので未来のことは誰にもわかりません。それでも事業は先を読んで準備をし、投資をしていかなければいけません。

予想が当たれば的確なタイミングで最適な準備をすることができ、効率的でスピーディーな事業運営ができます。

需要のないところで供給を増やしても売れませんし、需要が大きくなっているのに供給が追いつかなければ商機を逸します。需要の量や質の変化を読んで供給の準備をする必要があります。

事業は、開発・調達・製造・販売・物流など様々な機能の総合体ですから、事業の機能それぞれに目を配っておくことが必要です。

計画を組み立てるために、まず想像力を最大限に発揮することが重要ですが、予測は予測に過ぎません。いくら正確に行おうとしても限界があります。本当に大事なことは正確な想像ではなく創造です。

むしろ起案者としては、どういう事業にし、どんな市場を創っていくかという構想力、構想を支える意思を大事にしてください。

最終的に未来への予想の責任を負うのは、あなたではなく、経営者の仕事です。起案者であるあなたは、判断をする経営者にできる限りの材料を提供しつつ、意思を持って未来のあり方を起案してください。

4 事業計画を組み立てる②
（収支計画をつくる）

　成長シナリオと成長過程の各ステージごとにやるべきことが見えたら、いよいよそれらを統合した収支計画を組み立てます。

　経営者は事業案の内容、成長シナリオ、そしてそれらを総合した収支計画を見て、「この事業に必要な投資ができるか」「投資して事業化すべきか」という最終的な事業化の可否と是非を判断します。

　たくさんの細かな数字が並んだ収支計画を見ると、慣れていない人には何から手をつけてよいかと腰が引けてしまうかもしれません。

　しかし、前段で成長シナリオや成長ステージごとの状態を言葉にできていれば、それを1つずつ数値に落としていけば、あとは表計算ソフトが数字を出してくれます。

　大事なことは、この事業の特性を理解し、売上とコストのロジックを組み立てることです。

　売上とコストの両方の関係性を見ながら組み立てますが、一般的には売上から数字を置いていった方が考えやすいです。ただ、研究開発やインフ

ラ投資に期間がかかる事業では、コストから考えていくことも考えましょう。

┃ 手順1：売上計画を立てる ┃

　まず前節で考えた成長シナリオ、ステージごとの目標に合わせて売上数字を仮置きしていきます。

　仮置きする数字は、まずは既存事業や同業他社の売上規模と比較してあくまで大よその規模のイメージとして出す形で構いません。

　次にその推定売上をいくつかの要素に因数分解してみます。売上数字を作るための計算式をできるだけ単純化して立ててみます。業態によって適切な計算式は異なりますが、

物販系：購入者数×個数・頻度×単価

サービス系：利用者数×回数・期間×単価

という計算式が妥当なこともあれば、運営店舗数と密接な関係があれば、

店舗系：店舗数×店舗当り売上

が説明しやすい場合もありますし、会員型の事業では

会員系：新規加入数×単価×リピート率

が向いている場合もあります。事業の特性によって、どんな計算式が妥当かを考え試してみましょう。

計算式を立てたら、各ステージごとに因数分解した項目に仮に数字を当てはめてみます。

最初は、すでに仮置きしている売上を割算で各項目に割り戻す形で構いませんが、それで辻褄が合わないと感じたら、売上数字を変えるなり各項目の係数を変えるなりしてみましょう。

大事なことは、要素分解した各項目のステージ別の数字の推移と成長シナリオや各ステージごとの状況が噛み合っているかどうかです。

試算した数字を見てシナリオを改めて見直すことも必要です。数字とシナリオを両睨みでしっくり来るところを探していきましょう。

この作業は地道ですが、繰り返しているうちに「この事業の成長の鍵を握るのは何か」（KFS：Key Factor for Success）が見えてくるものです。

数字が得意でない人も、この事業を成功させるために何が重要かを見極めるためにも、人まかせにせずご自身で計算してみることをお勧めします。

手順2：売上にかかるコストの計画を立てる

　各成長ステージごとに売上を構成する各項目の数字と売上が見えたら、次にコストの試算をします。

　まずは費目の細かさや数字の正確さよりも、コストの費目として収支に影響が大きそうなものは何かを考えることを大事にします。

　コストの費目には大きく2種類があります。

- **売上と連動してかかるコスト（間接費）**
- **売上に直接は連動せずにかかるコスト（固定費）**

　同じ「広告費」もBtoCのEC販売事業などではかなり売上とリンクしますし、BtoBの企業広告では連動性は低いです。同じコスト項目でも事業によって連動性が違うので、事業特性に合わせて費目を出してみましょう。

　また、売上が立つ前に投資しておく必要がある費目（例：製造設備や物流ライン）もあれば、売上が立ち始めた後に補完的にかけていく費目（例：オフィス代）もあります。売上と支出に時期のずれがあれば、その間を埋める資金の用意が必要です。

新規事業の立案をする際には、多くの場合、「どうやって新たな売上を作るか」という視点で考え始めるため、どうしても売上拡大策の方にばかり目が行き、**コストを抑える戦略の組み立ては軽視されがち**です。

　収支はもちろん売上とコストのバランスですが、特に新規事業の場合は期待した通りに売上が伸びないことが多く、**固定コストをあらかじめどう抑えて計画しておくかが成否を決する**場合が多々あります。

　新規事業では「やってみなければわからないこと」が多く、事業化後も経験を重ねながら戦略を組み直す試行錯誤が必要ですが、そのときに固定コストが抑えられていれば、計画修正をする際にも余裕があります。

　また、固定のコストを変動費化できるようにしておくとリスク対応がしやすくなります。

┃ 手順3：事業が回るかをチェックする ┃

　手順2で挙げたコストの費目以外にモレているコスト費目がないか、これで事業が回るかどうかをチェックします。

　チェックをするに当たっては、実際の業務フローを想像してみるのがいいでしょう。

　原材料の調達から製造・販売・メンテナンスまで。人の採用から教育、退職のリスクまで。耐久消費財であれば売った後のアフターフォロー体制

も必要ですし、売れ残るものを在庫で保管することも必要ですし、それでも売れなければ廃棄の必要もあります。

その業態で事業を行っていれば当然のことも、新規事業で新たな業態に進出しようという際にはモレが生じがちなので、注意しましょう。

理想通りに事業が運営されるとは限りませんから、様々なケースを想定し、作る・売る・施すといった事業の中核以外の周辺業務（例：運ぶ、保管する、メンテする、債権回収するなど）にも目を向けておきましょう。

手順4：収支計画をまとめる

売上とコスト、それぞれの計画が組み立てられたら合算でそれぞれのステージでの収支を計算します。

それによって、売上が立つ前の開業時点でどれだけの資金が必要となるか、各ステージごとにどれだけの赤字を覚悟しておく必要があるか、事業の成長のためにどの時期にどれだけの資金が必要か、最大でどれだけの資金が必要となるか、などがわかるようにします。

一般に潤沢に資金のない独立起業の場合は、売上とコストのタイムラグも含めて「資金がもつか」が最も心配なので、キャッシュフローがより重視されますが、既存事業による収益があり、（独立起業よりは）資金に余裕のある社内起業の場合には、どれだけの投資をすることで、どれくらい

の時間でどれだけの成果のリターンが期待できるか、時間を含めた投資対効果が重視されることが多いです。

　事業のタイプによって収支が回るサイクルが異なります。BtoC の物販事業なら月単位で考えた方がイメージしやすいかもしれませんし、製造業やインフラ型の事業では、より長いサイクルの方がイメージしやすいかもしれません。

　試算の段階では事業の回転がイメージしやすいサイクルで組んでおいて、最後に計画書としてまとめる段階で年単位に合算するのが良いでしょう。

収支計画表を作る時の注意

　収支計画表は正しく正確なものはそもそも作れないと思っていた方が良いです。やってみなければわからないことを数字に落としているので、どれだけ正確性を期そうとしても無理があります。

　ただし、売上の計算ロジックや重要なコスト項目は、その事業の特性や成否を握る肝を押さえていれば組み立てられるはずです。どういうロジックで売上が決まっていくのか、何が売上を増やす肝になるのか、収益を出すために何のコストを抑えることが大事なのかの見極めが重要です。

　そのために、収支の数字はロジックや係数を組み替えながら何度もシミュレーションを繰り返しましょう。

　エクセル等の表計算ソフトを使う場合には、売上やコストの各項目の算出ロジックを併記しておき、その数字をいじることで収支が算出できるようにしておくのが良いでしょう。

　そうすることで、どの項目の係数を変えると収支に影響が大きいかが体感でき、起案者自身がこの事業の特性への理解を深められます。

　収支は良いに越したことはないので、起案者としてはつい見栄えが良いように数字の帳尻を合わせにいってしまいがちです。

　売上数字は冷静な「予測」ではなく、気合い含みの「目指す目標」になりがちですし、コストは最初から最大限節約したものにしがちです。もちろん、そこに起案者の意思は大事ですが、ここで置いた数字がこの事業の計画値となり、その数字を下回れば事業化後に撤退を含めた経営判断を受けることになることを念頭に置き、現実的な数字を作らねばなりません。

　実際には、楽観的なバージョンと悲観的なバージョン、その中間といった形で複数バージョン作るのが良いでしょう。

　収支計画は、最初はまず粗い費目で粗い数字で検討を始めることをお勧めします。最初から細かい費目で細かい数字を見ていこうとすると、逆に「この事業において大事なこと」を見逃す恐れもあります。

　何に注力することが売上の拡大のために必要なのか、利益を出すために大事なことは何なのか、この事業の成否を分ける KFS（Key Factor for Success）は何かを探すような気持ちで取り組みましょう。

近年は「リーン・スタートアップ」と言って、最初からあまり大きな投資を行わずに小さく生んで、PDCA を速く回しながら事業拡大の機会を伺う、という経営手法が注目されますが、「ここが勝負」というときに大きな投資がしやすいことは外からの投資を受ける必要がある独立起業にはない社内起業のメリットでもあります。

　最終的な目標に向けてどのような収支計画を立てるのが良いかを考えて取り組んでください。

Step 5

新規事業案を
社内で起案し承認を取る

イントロダクション

　事業案がアイデアからプランへ、プランから計画へ組み上がり、起案者として自信の持てる案に仕上がったら、いよいよ事業化の承認を受けるべく社内で最終起案します。

　どれだけ十分な検討をした優れた事業案だとしても、それが社内で認められず事業化できなければ何の意味もありません。事業案の内容検討と同じく気を緩めずに取り組みましょう。

　私の経験からは、一発勝負にはせず、アイデアの段階、プランの段階など途中段階でも起案をし、この方向性で検討を先に進めても良いかと確認しながら進めることをお勧めします。

　少なくとも担当役員や担当管理職とはこの間に随時情報を共有し、方針や進捗を確認しながら進めましょう。どの段階で社内の誰にどう承認を取りながら進めるべきかも、起案を社内で通していく上で大事な作戦の1つなので、十分に考えながら進めましょう。

　もし、あなたが営業マンとして顧客に企画を提案するとしたら、誰にどう提案すれば受注できるか最大限に知恵を絞るでしょう。独立起業家として投資家や金融機関に資金調達のため計画書を見せるなら、どうすれば応じてもらえるか、できる限りのことをするはずです。社内起業の起案も同じことです。

　社内で誰に何をどう起案するかを考える際にも、実はビジネスチャンス

を探すときに用いた「国語・算数・理科・社会」の思考法が有効です。

　つまり、決裁してもらう経営陣それぞれの心の内を読んでどんな起案を期待されているかを考える（国語）ことをベースに、経営者の心情の理由を理解し（理科）、過去の類似の起案にどんな評価がされたか背景を理解しておく（社会）ことで、起案の成功率はグンと上がります。

　私がこれまで接してきた新規事業の起案者の中には、「技術的なアイデアには自信がある」「マーケティングの経験が豊富」という方でも、「社内で上手くアピールするのが苦手」「社内政治のようなことは好きではない」という方がいらっしゃいます。

　これは事業案に自信があるほどもったいないことです。

　起案者にとって一番大事なものは、「なんとしてもこの事業案の社内承認を取り事業化を実現し、世の中の“不”を解消するという成果をあげるんだ」という情熱です。

　このエネルギーなくして事業案は決して実現しません。事業案を通せるよう、ぜひ最大限の知恵と努力を働かせてください。

1 | 提案書にまとめる

▌提案書の目的 ▌

新規事業案を起案し承認を取る提案書には、大きく３つの目的があります。

まず１つ目は「**何をしたいのか伝え、理解してもらうこと**」。当然ですがこれが基本です。

２つ目は「**経営者を動機づけし、事業化の承認を取ること**」。これも当然に聞こえるかもしれませんが、伝え理解してもらうことと、動機づけし承認を取ることは違います。「なぜ事業化する必要があるか」「事業化するとどんな良いことがあるか」「勝てそうか」「やれそうか」を説いて、「事業化しよう！」と思ってもらうために知恵を絞ります。

そして３つ目は「**実際の事業化に向け、必要な決裁と（経営者から社内への）指示出しを依頼すること**」です。経営者からどれだけ具体的な指示

を社内に向けて出してもらえるかで、その後の社内での進めやすさが大きく違ってきます。予算、人事、関連部署の協力等々、できるだけ具体的に明確に示すようにしましょう。

盛り込むべき要素と構成

下記は前述の３つの目的に合わせて提案書に盛り込むべき主な要素です。

❶ 何をしたいのかを伝え、理解してもらうために
- 事業案の概要（戦略：STP、事業内容：5W2H）
- 何を目指すか（事業のビジョン、目標）

❷ 動機づけをし、事業化の承認を取るために
- 事業の意義は（"不"の存在、価値の提供、社会への貢献　など）
- 儲かりそうか（市場の状況、ビジネスモデル　など）
- 勝てそうか（競合状況、競争優位性、何で勝負するか　など）
- やれそうか（必要な投資、オペレーションイメージ、事業計画　など）

❸ 決裁と指示出しの依頼のために

・決裁依頼事項の例

事業化、継続検討、研究開発の開始、対外的な折衝開始など

・社内への指示出し依頼の例

専門部署の設置、予算化、社員の人事異動、関連部署の協力

実際の提案書の構成もこの順に記載するのがよいでしょう。

ステップ4までに検討してきたことを整理し、提案書の中に盛り込みましょう。

読み手の立ち場に立った提案書とは

多くの場合、決裁者は日常的に様々な決裁を求められているので、まずは手短に「何の起案なのか」を知りたいと思うものです。

ですが、多くの提案書は前段の説明が長く、なかなか本題に入りません。

一般に多いのは下記のような構成です。

・市場分析

・ビジネスチャンスの抽出

・事業案の概要

・事業案の詳細

・成果の予測

　これは、実は起案者が検討をした順番であって、決裁を行う読み手・聞き手が知りたいと思う順番ではありません。

　実は前項で示した構成は、経営者が最終判断をするに当たって、知りたいと思う順番、考える順番になっています。今一度そういう視点で前項で示した構成を読み返してみてください。

　新規事業は経営者にとっても勇気の必要な難しい判断であり、判断するに当たっては「正しい判断ができるか」との不安や疑念を持っているものです。その不安や疑念に1つひとつ応えながら企画の詳細を説明していくのが良いでしょう。

　提案書の構成は、読み手の気持ちを追うように考えてみましょう。

2 | 社内用の事業提案書 ならではのポイント

　世の中にはここで説明する社内の新規事業の起案用とは異なるタイプの事業企画書があります。

　一般に「事業企画書の書き方」をうたった書籍で扱われるのは、金融機関に融資の依頼や公的機関に助成金などの申請のために作成するものです。これらは「ちゃんと計画通りやりますので大丈夫です」と安心してもらうことが大切ですが、新規事業とはそもそも成功確率の低いものです。計画通りに実行しても成功するとは限らないので、「大丈夫です」とは言えません。

　新規事業の提案書では「**どう期待を持たせるか**」が大事です。

　また、独立起業家の企画書を見る出資検討者は「投資に見合うリターンが期待できるか」を気にします。もちろん新規事業に投資する経営者もリターンは求めますが、事業は継続して自社の中で営むものなので、短期的な金銭的リターンの大きさだけでは判断しません。

　新規事業の提案書では「**なぜ自分たちが事業として取り組む意義がある**

のか」を明確に示さなければなりません。また本業への影響も重要です。

社内での新規事業提案ならではのポイントを押えておきましょう。

①本業との関係性を意識する

社内起業において、既存の本業は経営資産を生む大事な武器であるとともに、新規事業とのカニバリゼーション（食い合い）が懸念される面倒な存在でもあります。

同市場において別業態で取り組む新規事業の場合、ある程度のカニバリゼーションは避けられません。起案者としては、カニバリゼーションは覚悟しても事業環境の変化に合わせて新たな取り組みが必要であることを丁寧に説くしかありません。

カニバリゼーションを気にするあまり、お客様に提供する価値を落とすような企画内容の変更をしてはいけません。

また逆に、一見すると本業と随分異なる事業を起案する際には「経営資源を活かせるか」「なぜ自社で取り組む必要があるか」を問われることになります。これも独立起業では出ない話です。

「経営資源を活かせる」「実は相性が良い」「自社で取り組む意義がある」と説くためには、既存事業との共通点を探して共感してもらうことが有効です。

もし、直接的にハード面（技術や設備など）で共通点がなくても、ステップ２で紹介した「広告表現法」の要領で、ソフト面（コンセプトや姿勢やスタンスなど）に共通点があれば、説明しやすくなります。

②持続的な事業運営を意識する

　短期的な利益獲得を目的にした投資家であれば短期的な成果が出れば十分でしょうし、場合によっては事業化後に権益を売却する選択もあります。しかし、事業会社が新規事業を起こすときには、基本的には継続して事業を運営し事業収益を大きくしていくことが期待されます。

　逆に言えば、持続的に価値を高めていけるものでないと事業案としての魅力はありません。

　起案者は事業化直後だけでなく、事業が将来にわたりどう拡張していくか、この事業を始めることが自社のどんな可能性を広げていくことになるのか、将来にわたる可能性を示さねばなりません。

③何の壁を越えるのかを意識する

　優秀な経営者ほど、実は小心者で懐疑心が強いものです。価値ある新たな事業を簡単に起業できるとは思っていません。

何か新たな価値を生むためには、従来、自社が抱えてきた何らかの「壁」を超えていく必要があると感じているはずです。

大事なことは、その「壁」が何で、乗り越えたところにどんな魅力的な未来が待っているかを起案者から示すことです。

④決裁者と起案者が運命共同体であることを意識する

新規事業を生み出していく当事者は起案者であるあなた自身であるべきですが、社内起業の場合には決裁者である経営者自身も当事者意識を持って「自分の事業」と思ってくれなければ、この後実現に向けて社内の壁を越えていくことは難しいです。

本当に良い事業提案書とは、「承認をお願いする」のではなく、「やりましょう」と経営者の本気を引き出せる提案書です。

3 | プレゼンする

　この本の読者の中には、新規事業の資料作成だけを担当し、社内承認の審議の場には同席できない人もいるでしょう。

　しかし、もし審議の場で自ら事業案について経営者に直接話すことができる機会を与えられたなら、プレゼンにも全力を尽くしましょう。

　どれだけ検討に労力をかけ素晴らしい事業案ができたとしても、それが社内で承認されなければ、事業として陽の目を見ることはありません。

　せっかくの魅力的な事業案がプレゼンの心象の悪さによって評価されなくなるのは残念ですが、それが現実です。

　社内承認を取るため、できることはすべてやりましょう。

┃「説明」と「プレゼン」は違う┃

　話すことが上手い人と苦手な人がいます。しかし、話すのが上手い人がプレゼンが上手いとは限りません。

　話し上手な人の中には、「プレゼン」ではなく「説明」をしてしまう人がいます。きちんと正確に誤解のないように起案内容を理解してもらうことを最終目標に置いてしまうのです。

　「説明」と「プレゼン」は違います。「説明」は相手が理解してくれれば目的を果たしますが、「プレゼン」は承認されなければ意味がありません。

　「説明」は「プレゼン」の目的を達するために行う一部でしかありません。上手に正確に「説明」できたとしても、まだ目的を果たしていないのです。そうとらえて「プレゼン」のあり方を考えましょう。

「プレゼン」とは聞く相手を動かすこと

　プレゼンの最終目的は「承認を得ること」です。言い換えれば「**承認していない状態から承認している状態に、相手を変えること**」とも言えます。

　プレゼンは「相手に何かを伝えることで相手を動かすこと」を目的とした働きかけです。

　相手がそもそも決裁するのに十分な知識を持っていなかったとしたら、「判断するために必要だが相手が未だ知らないこと」を知ってもらわなければなりません。

　もし、相手が事業案についてすでに何らかの認識を持っていて、それが決裁に対してネガティブな認識であれば、「相手の認識を変えてもらう」

ための材料を集めなければいけません

　また理解することと意欲を持つことは違いますから、消極的な相手に対しては、「魅力を感じ意欲を持ってもらう」といった働きかけが必要です。

　プレゼンをするに当たっては、「**誰をどう動かすのか**」を意識をしながら準備をし臨まねばなりません。

相手を動かすために必要なこと

❶ 相手のことを知る

　まず現状相手がどういう状態であるかをわからずして、「どう動かすか」を考えることはできません。

　そのテーマに対する相手の知識、認識、印象、考え、アイデア、経験、実績などがどのようであるかを事前に把握しておきましょう。

❷ どう動かしたいのか考える

　もちろん一足飛びに「承認」を取りにいくこともありますが、段階的に検討を進めるなら、その回のプレゼンでまずどこまで進めたいのか、相手をまずはどういう状態に動かし変えたいのか、目標を明確にします。

❸ 動かすための準備をする

相手を「どんな状態からどんな状態に動かし変えたいのか」が明確になれば、自ずから何を準備すべきかがわかります。

❹ 聞く人を動かすべくプレゼンする

話し方ももちろん大切です。資料を読んでいるだけのプレゼンでは、人の心はなかなか動きません。それはラブレターを棒読みしても相手に気持ちが届かないのと同じです。

相手の気持ちを動かすには、話し手の熱量が必要です。起案には思いを込めて臨みましょう。

❺ 経営者が見ていること

私の経験では、経営者がプレゼンで見ているポイントは主に下記のようなものです。それを心得て臨みましょう。

- 事業案の魅力
- 起案者の確信（起案者自身がいけそうだと自信を持っている）
- 起案者の本気（起案者自身が実現に情熱を持っている）
- 起案者の評論家ではなく当事者としての自覚

4 | 社内承認を取る

いよいよ新規事業を実現するための最終章です。

もちろん新事業によって実際に市場で成果を挙げることが最終目標ですが、起案者としては社内承認を得て事業化のスタートを切るところまでが最初のゴールになります。

承認を取るために、会議への起案だけでなく、事前説明や意見収集、根回しなど、起案者としてできることはすべて行います。

理屈と筋で公式に討議し合う会議の場を空中戦とするならば、その前後の地上戦も重要です。

また、それが最終決裁の会議であっても、起案しプレゼンしたその場ですべての承認依頼事項が（○であれ×であれ）、綺麗に決裁されることは稀です。多くの場合、何らかの残課題が生じ、「○○を確認の上、関係者で協議し改めて判断」といった終わり方をします。

起案者は決裁を取る会議を終えた後も気を抜かずに、事業化に向けて社内で動き、承認を取りつける必要があります。

　会議中・会議後を含め誰に何の承認を取っておくかで、事業化の進めやすさが大きく違いますし、事業の業績評価の仕方にも影響を及ぼします。

何が承認を取るためのポイントかを抑える

　新規事業とは会社にとって新たなことへの挑戦ですから、期待通りの成果を必ずあげられるかどうかは誰にもわかりません。したがって、何らかの判断に迷うポイントがあるはずですし、評価者によって確認しておくべきだと考えるポイントがあるはずです。

　起案者としては、事業化の承認判断する人が何をポイントにするかを事前に推察し、準備をしなければいけません。

社長	なぜ我が社で事業化するのかという大義
専務	過去の類似事業での失敗
○○事業部長	既存事業とのカニバリ、経営資源の食い合い
製造部門	開発にどれくらいの時間がかかるか、既存技術の活用
経理部門	どの時点で黒字化できるか、最悪のケースでの累損
人事部門	労務的リスクの有無、どれだけの人員が必要か
法務部門	法的リスクの有無
広報部門	事業化を発表するときのIRリスク

何の承認を取りにいくかを考える

　承認を取るべきは「事業化」という大項目だけではありません。実際に事業化していく中では、始める前に何をどこまで社内でオーソライズしておくかでその後の進めやすさが大きく違います。

　全社的な位置づけによって、事業化までの準備の段階で社内の関連部署の協力の得られやすさが大きく変わります。

　また、事業化した後も、その成果を何を指標にどう評価されるかによって事業運営の自由度が大きく変わってきます。

　このタイミングで決まることが事業の行く末を大きく左右します。

　承認されたことは、その場ですぐに明文化し、社内で関係各所としっかり共有し、後になってブレがないようにしておかないといけません。

「お願い」するのではない。覚悟を問いにいく

　起案し承認を取る際には、言葉上では「本案のご承認をお願いします」と言うことが多いですが、本当のところで言うと、新規事業の事業化は社員が経営陣に「お願い」をするべきことではありません。

　本来事業とは、経営者が責任者となり、社員がその命を受けて遂行する

ものです。社員が会社にお願いをして、経営資源を使わせてもらってやらせてもらうようなものではありません。

　それでも起案者は、自ら思いをもって事業化を検討・推進してきているので、つい「やらせてほしい」とお願いをしがちです。その気持ちはわかりますし、その当事者意識は新規事業の大事なエンジンになります。

　しかし、本当に事業を上手く軌道に乗せていくためには、起案者と経営者が両輪で共に当事者意識を持ち、一緒に進めていく必要があります。両方の志向が合い、同じ目標を持つからこそ成果を上げることができます。

　起案者が最後にすべきことは、経営者に覚悟を問い「**この事業を一緒に成功させましょう**」と心を動かすことです。

　何を覚悟してもらい、どんな未来を共に作るのか、これを経営者に問うことが、起案者に最後に求められる一番大きな仕事です。

おわりに

　前著『はじめての社内起業』（ユーキャン）が4刷（2017年3月現在）とご好評をいただいています。さらに、「自分独りで実際にワークして事業案を創れるような本が欲しい」との読者からのご要望にお応えし、とことん実用的な内容にしたのが本書『新規事業ワークブック』です。

　実は過去にお仕事でご一緒してきた方に草稿段階で本書の内容を見てもらったのですが、「自身のノウハウをこんなにさらけ出して良いのか」と言われました。

　しかし、この本の中でご紹介した手法は、私だけで考えたものではなく、これまで一緒に新規事業開発に取り組んできたみなさんとある意味協働で培ってきたものでもあります。この知見は自分だけに留めず、広く世の中に還元しなければと考えました。

　元をたどれば、リクルート社において1,000件もの新規事業案件に携わる機会を得たのが新規事業インキュベータとしての私の原点です。

　「事業とは"不"の解消」というこの本を通じたテーマは、当時の上司であるくらたまなぶさんに教わりました。「算数を考える前に国語が大事」という基本的な考え方もくらたさんの考え方を引き継いだものです。

　リクルート社では社内インキュベータとして社内起業家を支援する立場でしたが、その後All About社を自ら社内起業し起業家として現場で実践して取り組んだ経験によって、自分なりの手法ができ上がりました。

2010年に独立して以来、クライアント各社様には、新規事業という大事な仕事をご一緒させていただく機会を創っていただき、感謝しています。

　各社の新規事業担当者の方との取り組みの中で、手法を体系化することに努め、今日に至っています。

　世の中では「リーン・スタートアップ」と言って、まずは小さくても良いから始めてみて軌道修正しながら改良していく事業立ち上げの手法が推奨されています。

　私はその手前で「事業企画書を自分で書いてみる」ことが企業人にとってはリーン・スタートだと思っています。

　自分の頭の中にあることを一度言葉にして紙に落としてみることで、何が欠けていて、何が必要なのかがわかってきます。

　ぜひ読者のみなさんも、リーン・スタートに取り組み、社内で実際に起案してみてください。この本が、企業人としてのみなさんが社内起業家として大きく飛躍するキッカケになれば嬉しいです。

　最後に、この本の出版の機会を作っていただき最後まで伴走してくださった編集者の田所陽一さんに感謝申し上げます。ありがとうございました。

新規事業インキュベータ　石川明

◆著者紹介◆

石川　明（いしかわ・あきら）

株式会社インキュベータ 代表取締役

◎──1988年上智大学文学部社会学科卒業後、リクルート社で7年間、新規事業開発室のマネジャーを務め、リクルート社の起業風土の象徴である社内起業提案制度「New-RING」の事務局として1,000件の事業案に携わる。

◎──2000年にリクルート社社員として「All About」社を創業し、2005年JASDAQに上場。10年間にわたり事業企画・事業運営の責任者を務める。

◎──2010年に独立し、以来一貫して大手企業を中心に、新規事業の創出、新規事業をボトムアップで生み出す仕組み作り、創造型人材の育成に携わる。

◎──リクルート社時代も含め、これまで携わってきた新規事業・企業内起業家は、100社、1,700案件、3,500人。ビジネスチャンスを探すための独自の「国語・算数・理科・社会」思考法は、とてもわかりやすいとクライアントから好評を得ている。

◎──新規事業インキュベータとしての信条は、「起案する本人の思いやこだわりを尊重すること」「喜びや憤りへの共感と俯瞰する目線の両立」「当人より前には出ず、斜め後ろを併走すること」

◎──SBI大学院大学MBAコース客員准教授

◎──著書に『はじめての社内起業』（ユーキャン）がある。

〈株式会社インキュベータ〉
http://incu.co.jp/

新規事業ワークブック

2017 年 4 月 11 日　　初版発行
2019 年 9 月 20 日　　2 刷発行

著　者　　石川　明
発行者　　野村直克
発行所　　総合法令出版株式会社
　　　　　〒 103-0001 東京都中央区日本橋小伝馬町 15-18
　　　　　ユニゾ小伝馬町ビル 9F
　　　　　電話　03-5623-5121
印刷・製本　中央精版印刷株式会社

総合法令出版の好評既刊

競争としてのマーケティング

丸山謙治（著）

コトラーと並ぶ米国マーケティング界の巨匠、アル・ライズとジャック・トラウトの唱える「競争志向によるマーケティング戦略」を解説。ロングセラー『ポジショニング戦略』などのエッセンスを事例とともに紹介。市場成熟化や少子化によりますます競争が激化することが予想される日本のビジネスパーソンにとって必読の書。

定価（本体 1500 円＋税）

実践「ジョブ理論」

早嶋聡史（著）

『イノベーションのジレンマ』で知られるクリステンセン（ハーバード・ビジネススクール教授）の最新マーケティング理論を実践するための解説書。「人はなぜモノやサービスを購入するのか」という命題に対し、「自らが抱える課題（ジョブ）を解決するため」と、顧客の"課題"をとことん掘り下げることの重要性を訴える。

定価（本体 1800 円＋税）

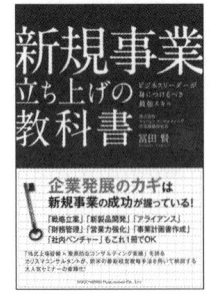

新規事業立ち上げの教科書

冨田 賢（著）

国内市場が縮小する中、新規事業を立ち上げて新たな売上げを作ることは、今やすべてのビジネスリーダー必須のスキル。東証一部上場企業をはじめ、数多くの中小・ベンチャー企業で新規事業立ち上げのサポートを行っている著者が、新規事業の立ち上げと成功に必要な様々な知識や実践的ノウハウをトータルに解説。

定価（本体 1800 円＋税）

総合法令出版の好評既刊

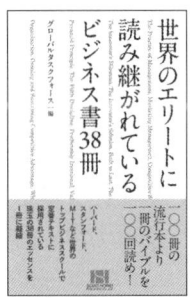

世界のエリートに読み継がれている
ビジネス書38冊

グローバルタスクフォース（編）
世界の主要ビジネススクールの定番テキスト38冊のエッセンスを1冊に凝縮した読書ガイド。主な紹介書籍は、ドラッカー『現代の経営』、コトラー『マーケティング・マネジメント』、ポーター『競争の戦略』、クリステンセン『イノベーションのジレンマ』、大前研一『企業参謀』など。書籍ごとに内容を体系的に整理したマップ付。

定価（本体1800円＋税）

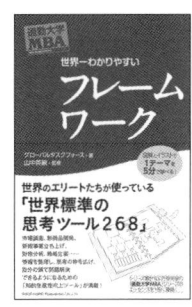

世界一わかりやすい
フレームワーク

グローバルタスクフォース（著）、山中英嗣（監修）
フレームワークとは、物事を深く考える際に役立つ分析方法や法則、フローチャートなどの総称。本書は、累計100万部を突破したロングセラー「通勤大学MBA」シリーズの中から、ビジネスパーソン必修のフレームワークを268個厳選して解説。文章と図解、イラストを含めて各1ページで説明するので短時間でマスター可能。

定価（本体1300円＋税）

世界一わかりやすい
プロジェクトマネジメント（第4版）

G・マイケル・キャンベル（著）　中嶋秀隆（訳）
アマゾン「オールタイムベストビジネス書100」に選出された、プロジェクトマネジメントの定番テキストの最新版。プロジェクトの各フェーズごとに成功に導くための実践的ノウハウを詳細に解説。プロジェクトマネジメントのデファクトスタンダード「PMBOK」最新第5版に完全準拠。

定価（本体2900円＋税）

総合法令出版の好評既刊

経営者の心得

新 将命（著）

長きにわたって多くの外資系企業トップを歴任し、「伝説の外資トップ」と呼ばれる著者が、業種や規模、国境の違いを超えた「勝ち残る経営」の原理原則、「成功する経営者」の資質を解説。ダイバーシティ（多様性）の波が押し寄せる現在、経営者が真に果たさなければならない役割、社員との関わり方を説く。

定価（本体 1500 円＋税）

〔新版〕取締役の心得

柳楽仁史（著）

社長の右腕として、経営メンバーの一員として、経営の中核を担う取締役。経営において取締役が果たすべき役割、法的な責任と義務、トップ（代表取締役）との関係のあり方など、取締役に求められる教養・スキルなどを具体的な例を挙げながら述べていく。現在取締役に就いている人も、これから取締役を目指す人も必読!

定価（本体 1500 円＋税）

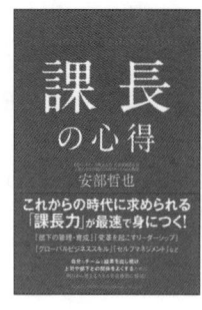

課長の心得

安部哲也（著）

経営陣と一般社員の間をつなぐ中間管理職として重要な存在である課長。これからの時代の課長に求められる5つのスキルをわかりやすく実践的に解説。従来、課長の主要な役割とされたマネジメント（管理）力に加え、時代の変化に伴い新たに求められるスキルを多数紹介。また、課長の仕事のやりがいや面白さを訴える。

定価（本体 1500 円＋税）